EDUCAÇÃO ON-LINE

Aprendendo e Ensinando

Dados Internacionais de Catalogação na Publicação (CIP)
(Câmara Brasileira do Livro, SP, Brasil)

Kearsley, Greg
Educação on-line : aprendendo e ensinando / Greg Kearsley;
  tradução Mauro de Campos Silva ; revisão técnica
  Renata Aquino Ribeiro. -- São Paulo : Cengage
Learning, 2011.

  Título original: Online education : learning and
  teaching in cyberspace
  Bibliografia.
  ISBN 978-85-221-1134-3

  1. Ciberespaço 2. Educação - Processamento de dados
  3. Ensino 4. Instrução assistida por computador I. Ribeiro,
Renata Aquino. II. Título.

11-09404

CDD-371.334

Índice para catálogo sistemático:

1. Educação on-line 371.334

EDUCAÇÃO ON-LINE
Aprendendo e Ensinando

Greg Kearsley

Tradução

Mauro de Campos Silva

Revisão técnica

Renata Aquino Ribeiro
Professora, jornalista e pesquisadora de doutorado em Educação: Currículo na PUC-SP, área de Educação e Tecnologia e mestre em Artes–Hipermídia na University of Westminster. Autora do blog Pesquisa Educação

Austrália • Brasil • Japão • Coreia • México • Cingapura • Espanha • Reino Unido • Estados Unidos

Educação on-line.
Aprendendo e ensinando
Greg Kearsley

Gerente Editorial: Patricia La Rosa

Supervisora Editorial: Noelma Brocanelli

Supervisora de Produção Editorial:
  Fabiana Alencar Albuquerque

Editor de Desenvolvimento: Fábio Gonçalves

Título Original: On-line education.
Learning and teaching in cyberspace.

ISBN: 0-534-50689-5

Tradução: Mauro de Campos Silva

Revisão Técnica: Renata Aquino Ribeiro
[http://pesquisaeducacao.wordpress.com/
raquino@gmail.com]

Copidesque: Danielle Mendes Sales

Revisão: Maria Alice da Costa e Luicy Caetano de
  Oliveira

Pesquisa Iconográfica: Vivian Rosa e
  Raquel Braik

Diagramação: Cia. Editorial

Capa: Absoluta Brasil

© 2000 Wadsworth, parte da Cengage Learning
© 2012 Cengage Learning Edições Ltda.

Todos os direitos reservados. Nenhuma parte deste livro poderá ser reproduzida, sejam quais forem os meios empregados, sem a permissão, por escrito, da Editora. Aos infratores aplicam-se as sanções previstas nos artigos 102, 104, 106 e 107 da Lei nº 9.610, de 19 de fevereiro de 1998.

Esta editora empenhou-se em contatar os responsáveis pelos direitos autorais de todas as imagens e de outros materiais utilizados neste livro. Se porventura for constatada a omissão involuntária na identificação de algum deles, dispomo-nos a efetuar, futuramente, os possíveis acertos.

Para informações sobre nossos produtos, entre em contato pelo telefone **0800 11 19 39**

Para permissão de uso de material desta obra, envie seu pedido
para **direitosautorais@cengage.com**

© 2012 Cengage Learning. Todos os direitos reservados.

ISBN-13: 978-85-221-1134-3
ISBN-10: 85-221-1134-0

Cengage Learning
Condomínio E-Business Park
Rua Werner Siemens, 111 – Prédio 20 – Espaço 04
Lapa de Baixo – CEP 05069-900
São Paulo – SP
Tel.: (11) 3665-9900 – Fax: (11) 3665-9901
SAC: 0800 11 19 39

Para suas soluções de curso e aprendizado, visite
www.cengage.com.br

Impresso no Brasil.
Printed in Brazil.
1 2 3 4 5 6 7   13 12 11 10 09

Sumário

Prefácio   XI

1   Introdução   1

A história dos computadores na educação   2

Seymour Papert: libertando a mente dos jovens   3

Temas que compõem a educação on-line   3

Colaboração   3

Conectividade   4

Foco no aluno   5

Eliminação de fronteiras   5

Comunidade   6

Exploração   7

Conhecimento compartilhado   8

Experiências multissensoriais   9

Autenticidade   10

Admirável mundo novo   11

Ideias principais   11

Questões para reflexão   12

2   O alcance da educação on-line   13

Redes   13

Educação superior   16

Escolas do ensino fundamental e ensino médio   18

Corporações e agências governamentais   20

Organizações sem fins lucrativos   23

Educação em casa   23

Espaços públicos   24

Margaret Riel: círculos de aprendizagem   25

Conclusão   26

Ideias principais   26

Questões para reflexão   27

VI | Educação on-line

3 Elementos da educação on-line 29

E-mail 29

Linhas de discussão 31

Conferência em tempo real 33

    MUDs/MOOs 34
    Videoconferência 35
    Audioconferência 36

Groupware 37

Transferência de arquivos 39

Aplicativos 40

Simulações 41

    Beverly Hunter: computadores como ferramentas 41

Desenvolvimento e gerenciamento de currículo 43

Conclusão 44

Ideias principais 45

Questões para reflexão 45

4 Pesquisa sobre educação on-line 47

Impacto no aproveitamento do aluno 47

Avaliação de cursos baseados na Web 49

Impacto em nível escolar 51

A natureza da interação em sala de aula 55

Conferências virtuais 57

Comunidades de aprendizagem 58

    Linda Harasim: estudando os efeitos da interação on-line 60

Conclusão 61

Ideias principais 61

Questões para reflexão 61

5 Aprendizagem on-line 63

Aprendendo a aprender 63

O ambiente social 66

Teoria do engajamento 68

Netiqueta 70

Conhecimentos básicos de informática 72

Necessidades especiais 73

Igualdade de gênero 77

    Norman Coombs: tecnologia adaptativa para a comunicação on-line 77

Conclusão 78

Ideias principais 78

Questões para reflexão 78

6 Ensino on-line 81

Interatividade e participação 81

Feedback 84

Carga horária 85

Moderação e facilitação 88

Eficácia 89

Colaboração entre docentes 92

Avaliação do aluno 93

    Betty Collis: perspectiva mundial em teleaprendizagem 94

Conclusão 94

Ideias principais 95

Questões para reflexão 95

7 Elaboração e desenvolvimento de cursos on-line 97

Metodologia de desenvolvimento 97

Forma e função 99

Trabalho em grupo 102

Documentos do curso 103

Integração de atividades on-line e presenciais 105

A elaboração de cursos 107

Qualidade do curso 108

    Judi Harris: mentoria on-line 109

Conclusão 109

Ideias principais 110

Questões para reflexão 111

8 Organizações e rede 113

Instalações físicas e equipe de suporte 113

Padrões de estudo e trabalho 117

Relações de poder 119

Centralização/descentralização 120

Cooperação e competição 121

    Al Rogers: conectando crianças do mundo inteiro 123

VIII | Educação on-line

Conclusão 124

Ideias principais 124

Questões para reflexão 124

9 Normas 127

Propriedade 127

Controle de qualidade 129

Carga horária do aluno/professor 132

Credenciamento e certificação 135

Uso aceitável 136

Jason Ohler: explorando a fronteira eletrônica 139

Conclusão 139

Ideias principais 140

Questões para reflexão 140

10 Educação na era da informação 141

Acesso: ricos e pobres 141

Tecnologia: para o bem ou para o mal? 143

Privacidade 144

Qualidade da informação on-line 145

Custos e benefícios 146

Escolas virtuais 149

Organizações que moldam a educação on-line 150

Resistência à mudança 155

Curtis Bonk: colaboração eletrônica 156

Conclusão 156

Ideias principais 156

Questões para reflexão 157

11 Quando os elétrons atingem a tela 159

Como elaborar um curso on-line 159

Conexão 162

Financiamento e recursos 165

A escolha do software 166

Resolução de problemas 168

Mariano Bernardez: desenvolvimento profissional on-line 170

Conclusão 170

Ideias principais 171

Questões para reflexão 171

Sumário | IX

12 Direções futuras   173

Computação em tudo   173

Softwares inteligentes   175

A fusão entre televisão, telecomunicações e computação   176

Ambientes virtuais   176

Processamento da fala   177

Tradução automática   178

Gestão do conhecimento   179

   Paul Levinson: visionário da tecnologia da informação   181

Conclusão   181

Ideias principais   182

Questões para reflexão   182

13 Fontes de informações adicionais   183

Periódicos/revistas   183

Anais de conferências/*workshops*   184

Associações   184

Coleções/arquivos   185

Centros de pesquisa   185

Redes   186

APÊNDICE: Estudos de caso   187

Faculdades Comunitárias de Maricopa   187

Escolas de Boulder Valley   188

Global Council of Corporate Universities   189

Tech Corps   190

Livros-textos on-line   190

Academia de Redes Cisco (Cisco Networking Academy)   191

Cyberchase   192

History Channel   192

Secretaria de Educação do Kentucky   193

Tapped In   193

Max@School   194

Glossário   197

Referências bibliográficas   199

Índice remissivo   207

Créditos   213

Prefácio

> Ciberespaço. Alucinação consensual vivenciada diariamente por bilhões de genuínos operadores de todas as nações, por crianças que aprendem conceitos matemáticos... Representação gráfica de dados abstraídos de cada computador do sistema humano. Complexidade impensável.
>
> (Gibson, 1984, p. 51)

Este livro é sobre o que acontece quando o ciberespaço, ou mundo virtual, torna-se uma realidade, e como isso está mudando a maneira de aprendermos e ensinarmos. Embora o objetivo desta obra seja a educação formal (cursos oferecidos por escolas e faculdades), é impossível ignorar o fato de que boa parte da aprendizagem on-line ocorre fora desse cenário. De fato, parte das mudanças geradas pelas redes de computadores na educação torna menos nítida a linha que separa a aprendizagem formal da aprendizagem informal. Quando os alunos aprendem em casa, no escritório, no fim da tarde ou no fim de semana, trata-se de um aprendizado ou não? E qual é a importância disso?

Embora seja possível encontrar neste livro bastante informação sobre todos os aspectos da aprendizagem e do ensino on-line, não haverá muito conteúdo sobre tecnologia de redes. Os detalhes técnicos sobre como funciona uma rede são praticamente irrelevantes no que diz respeito a como ela é usada. É verdade que esses detalhes afetam a quantidade e o tipo de informação que podem ser transmitidos, o que, por sua vez, afeta a natureza da interação, mas se trata de limitações ao uso, e não de um fator determinante. Tão importante quanto, a tecnologia de rede evolui em um ritmo tão extraordinário que tentar descrevê-la em um livro seria contraproducente.

Portanto, *Educação on-line* simplesmente parte do princípio de que as redes existem e começam a explorar o assunto partir desse ponto. De fato, as redes tornaram-se a espinha dorsal da sociedade moderna, a infraestrutura global e local que nos permite atuar – a metáfora já muito utilizada de estrada da informação (*information highway*). As redes afetam praticamente quase todas as ações diárias que executamos, desde telefonar e fazer compras até passear com o cachorro (os semáforos nos cruzamentos provavelmente estão conectados em sistemas de controle de tráfego), e desempenham um papel fundamental em todos os aspectos da aprendizagem. No entanto, mesmo agora temos dificuldade em entender como devemos mudar o sistema educacional para aproveitar a simples capacidade que já temos. É difícil ver como faremos essa transição. Mas os seres humanos sempre demonstraram notável adaptabilidade como espécie e como indivíduos. Portanto, ciberespaço, aqui vamos nós.

Público-alvo

Este livro é dirigido principalmente para professores, ou futuros professores, que queiram entender o que é a educação on-line. Como tal, será útil como livro-texto para cursos de formação de professores em Faculdades de Educação, bem como em *workshops* conduzidos por escolas e faculdades. O livro deverá ser útil também para administradores ou gestores responsáveis pelo planejamento e pela implementação de programas de educação on-line. Além disso, atinge também a qualquer um que esteja prestes a participar de um curso on-line e queira ter uma ideia do que está por vir.

O autor supõe que os leitores tenham alguma familiaridade básica com conceitos e aplicações de informática. No entanto, este não é um livro sobre computadores e não requer nenhum conhecimento técnico relevante. Trata-se de um livro sobre ensino e aprendizagem.

Note que não é uma obra que ensina a desenvolver cursos on-line, ou a decidir quais aplicativos on-line devem ser usados para o ensino. Oferece, porém, a base conceitual necessária para desempenhar essas tarefas e uma boa compreensão das questões subjacentes. Uma compreensão mais ampla resultará em aprendizagem e ensino on-line mais eficazes.

Organização do livro

O livro começa com um capítulo introdutório que descreve em linhas gerais alguns dos principais temas da educação on-line, mostrando também vários sites que ilustram esses temas. De fato, ao longo de todo o texto, esses sites são usados como exemplos específicos; a vantagem é que você pode visitá-los diretamente se quiser mais detalhes. A desvantagem é que sites na Web *nascem e desaparecem*, e alguns links poderão não mais estar ativos quando você estiver lendo este livro.

O Capítulo 2 mostra o alcance da educação on-line em diferentes ambientes de aprendizagem: cursos superiores, escolas do ensino fundamental e médio, corporações e agências governamentais, organizações sem fins lucrativos, em casa e em espaços públicos. O Capítulo 3 discute os elementos básicos da educação on-line: listas de discussão, conferências em tempo real, *groupware*, transferência de arquivos, programas de aplicação e simulações; conclui com uma visão geral das ferramentas para o desenvolvimento e gerenciamento on-line de currículos – um tópico que será aprofundado no Capítulo 7. O Capítulo 4 trata da pesquisa sobre educação on-line: o progresso do aluno, avaliação de cursos na internet, impacto no nível escolar, natureza da interação na classe e conferências virtuais.

O Capítulo 5 examina aspectos críticos da aprendizagem on-line: aprender a aprender, o meio social, engajamento, netiqueta e necessidades especiais. Entre os tópicos incluídos no Capítulo 6, sobre ensino on-line, estão interatividade e participação, *feedback*, moderação e facilitação, eficácia, carga horária e colaboração entre professores. O Capítulo 7 discute a elaboração e o desenvolvimento de cursos on-line: metodologia, forma e função, trabalho em equipe, documentos do curso, integração de atividades on-line e presencial e criação.

Os três capítulos seguintes tratam de várias questões relacionadas à educação on-line, incluindo organizações (Capítulo 8), suas normas (Capítulo 9) e seu impacto social (Capítulo 10). Essas questões determinam o sucesso ou o fracasso da educação on-line em cenários específicos ou de modo geral. O Capítulo 11 trata de algumas questões práticas encontradas na implementação de cursos on-line. O Capítulo 12 faz algumas especulações sobre o futuro da educação on-line, e o 13 apresenta fontes de informações adicionais. O Apêndice mostra estudos de caso sobre cursos, programas e eventos on-line. O glossário define os principais termos utilizados no livro.

No fim de cada capítulo, há uma série de questões para "reflexão"; estas podem ser utilizadas em discussões em classe, trabalhos ou projetos.

Ao longo deste livro, você encontrará breves referências a personalidades na área da educação on-line, com os respectivos links para seus trabalhos, permitindo assim acesso direto às ideias daqueles que estão ajudando a construir o ciberespaço.

Agradecimentos

Um livro como este depende da ajuda e generosidade de muitas pessoas. Quero agradecer à minha editora da Wadsworth/Thomson Learning, Dianne Lindsay, por examinar todo o projeto. Também quero agradecer à University of Wisconsin pelo uso de seu sistema de bibliotecas nas ocasiões em que precisei ler um livro ou periódico. Por fim, meus agradecimentos ao trabalho daqueles que leram o original e, com seus comentários esclarecedores, ajudaram a melhorar este livro: Terry Anderson, University of Alberta; Robert Gillan, Northwestern State University of Louisiana; Lizza Greenberg, University of Miami; Charlotte N. Gunawardena, University of New Mexico; Regina Halpin, Mississippi State

University; Douglas E. Hansen, Saginaw Valley State University; Robert G. Main, California State University, Chico; LeAnn McKinzie, West Texas A & M University; Richard J. O'Connor, University of Arkansas, Monticello; Andrew Torok, Northern Illinois University; e Terry Weeks, Middle Tennessee State University.

Greg Kearsley

Como qualquer outro instrumento dinâmico de informação, os sites mudam de endereço ou podem ser retirados da Web sem aviso prévio, a Cengage Learning não se responsabiliza por essas alterações.

1
Introdução

Após a leitura deste capítulo, você entenderá:

- a relação entre o que antes se fazia em instrução assistida por computador, ou instrução baseada em computador (CAI/CBI, na sigla em inglês), e a educação on-line contemporânea;
- os principais temas que caracterizam a educação on-line;
- como a aprendizagem on-line difere da aprendizagem tradicional em sala de aula.

> Bem-vindo ao século XXI. Você é um Netizen (um Cidadão da Rede) e existe como cidadão do mundo graças à conectividade global que a Rede permite. Considere a todos como seus compatriotas. Fisicamente, você vive em um país, mas está em contato com boa parte do globo via rede mundial de computadores. Virtualmente, você é vizinho de cada Netizen do planeta. A separação geográfica é substituída pela existência em algum espaço virtual. (Hauben e Hauben, 1997, p. 3)

Como sugere a citação, o século XXI é aquele em que a sociedade está sendo transformada de maneira extraordinária pelas redes de computadores. O modo como vivemos e trabalhamos, o que fazemos nas horas de lazer e a natureza das relações humanas estão sofrendo mudanças significativas (Benedikt, 1991; Jones, 1995; Whittle, 1997). Embora essas mudanças ainda estejam no início, não são nada quando comparadas ao que está por vir.

O mundo da educação será muito diferente: o que alunos e professores fazem, quando e onde a aprendizagem ocorre, a natureza das experiências educacionais. A escola, como hoje a conhecemos, será transformada de forma radical; quase todos estarão constantemente aprendendo, continuamente engajados em algum modo de aprendizagem, formal ou informal.

Este livro é sobre como chegar lá. Muitos aspectos da educação on-line já existem, e em alguns casos têm sido aplicados há alguns anos. Há várias pesquisas, descobertas e experiências práticas. Falta apenas ligar os pontos para enxergar todo o cenário.

A história dos computadores na educação

A maneira como os computadores foram usados no passado para fins de aprendizagem não é muito útil quando queremos entender a educação on-line. Essa história começou há quatro décadas e geralmente nos referimos a ela como instrução assistida por computador (*computer-assisted instruction* – CAI) ou instrução baseada em computador (*computer-based instruction* – CBI) (ver Allesi e Trollip, 1991, ou Gibbons e Fairweather, 1998). Embora CAI/CBI fosse bastante abrangente (incluindo algumas técnicas interessantes, como simulações e ferramentas do pensamento), sua filosofia era focada em materiais para um currículo eletrônico – programas com os quais os alunos podiam interagir para aprender um conteúdo específico. A ideia principal era de que os computadores podiam fornecer experiências individualizadas de aprendizagem, incluindo sequências interativas que consistiam em problemas ou questões com *feedback* adequado. Tudo isso era sustentado por uma sólida base teórica sobre o comportamento e pelas teorias cognitivas da aprendizagem, e havia muitas evidências empíricas mostrando que funcionava em termos de pontuação no progresso do aluno ou nos objetivos de aprendizagem.

Com o tempo, porém, ficou claro que, embora possa ter algum valor, essa abordagem não é a melhor maneira de usar computadores em educação. Em vez disso, percebemos que os computadores são ótimos instrumentos para comunicação e compartilhamento de informação. O que realmente impressionou alunos e professores foi a capacidade de interagir eletronicamente e fazer buscas em bancos de dados (Fisher, Dwyer e Yokam, 1996; Kearsley, Hunter e Furlong, 1992; Maddux, Johnson e Willis, 1997). A interatividade, portanto, era muito importante, mas não o tipo de interação originalmente concebida em CAI/CBI.

Na verdade, as provas estavam ali o tempo todo, mas levou algum tempo para que elas começassem a fazer sentido. Um dos maiores sistemas de CAI/CBI de seu tempo, o PLATO, tinha um sistema de correio eletrônico (e-mail), chamado *p-notes*, que era mais utilizado que o previsto pelo "courseware" (o software educacional). Sistemas de *bulletin board* e as primeiras redes, como Bitnet, FIDOnet e Arpanet, eram muito populares em todos os níveis de usuários – de estudantes do ensino médio a pesquisadores de universidades. E os trabalhos pioneiros em conferência mediada por computador (*computer-mediated conferencing* – CMC) mostravam que os alunos tinham experiências educacionais bastante significativas ao utilizá-la (por exemplo, Hiltz e Turoff, 1993).

Mas foi só quando surgiu a World Wide Web (também conhecida como "Web"), no começo da década de 1990, que tudo ficou claro. Com a Web é muito fácil criar e acessar informações transmitidas em rede. Ela também une todas as principais formas de interação interpessoal, como e-mail, *chats*, linhas/fóruns de discussão e conferências. Além disso, adiciona multimídia (imagens, som e vídeo) à equação. A Web suporta até mesmo formas "clássicas" de CAI/CBI, como *drills* (exercícios) ou tutoriais, se alguém ainda quiser utilizá-los (velhos hábitos demoram a desaparecer).

Seymour Papert: libertando a mente dos jovens

Uma parte interessante da história da tecnologia educacional pode ser vista no trabalho de Seymour Papert, do Massachussets Institute of Technology (MIT). Suas primeiras contribuições na área da educação foram o desenvolvimento e a divulgação da linguagem de programação LOGO (veja Papert, 1980). O conceito subjacente ao LOGO era fazer a criança explorar ideias escrevendo programas de computador, colocando-a em posição de controle, e não o inverso. Seu trabalho posterior concentrou-se em jogos para computador e no papel das atividades computacionais no ambiente familiar (por exemplo, Papert, 1993, 1996). O trabalho de Papert foi fundamental na transformação da educação, pois ele insistia continuamente na função da tecnologia como ferramenta a ser usada pelas crianças em seu desenvolvimento intelectual. Assim, ele criou um contraponto às ideias predominantes de CAI/CBI e, no fim, fez a área avançar em diferentes direções.

Para saber mais sobre Papert, ver sua home page no MIT em http://web.media.mit.edu/~papert/ ou consulte o site Connected Family (Família Conectada) em http://www.ConnectedFamily.com.

Temas que compõem a educação on-line

Considerando-se que a história da tecnologia educacional não é muito útil para que possamos entender a situação atual, passaremos o restante deste capítulo fazendo uma turnê por sites que oferecem indicações mais proveitosas. Na verdade, visitaremos sites ao longo de toda esta obra, mas os sites citados neste capítulo são de natureza mais genérica que aqueles que aparecem nos capítulos subsequentes. É claro que a melhor maneira de apreciar esses sites é explorá-los você mesmo! Nessa turnê, examinaremos vários temas que compõem a educação on-line – e o futuro da aprendizagem e do ensino. Embora cada um desses temas seja discutido separadamente, todos estão inter-relacionados e sobrepostos.

Colaboração

Sem dúvida, a maior transformação causada pela educação on-line é a tendência a aumentar a colaboração entre alunos e professores. Muitos projetos on-line envolvem atividades de compartilhamento de informação entre classes localizadas em diferentes lugares. Mesmo quando não há uma intenção específica em fazer um trabalho colaborativo, isso acontece com frequência porque é muito fácil interagir on-line. Esse tipo de interação contrasta com o modelo tradicional de escolas, em que cada sala de aula é uma unidade isolada e autossuficiente. A colaboração pode envolver pares de alunos, pequenos grupos ou a classe inteira.

A Global SchoolNet Foundation (http://www.gsn.org) dedica-se a criar interações entre crianças do mundo inteiro. Ela se baseia no sistema de correspondência FrEd, antigo sistema de e-mail para estudantes e educadores.

Conectividade

A educação on-line proporciona um grande nível de conectividade. Os alunos podem facilmente se conectar entre si e com seus professores por meio de e-mail e conferência. Eles também podem conectar-se com seus pais, como muitos deles o fazem quando estão na faculdade ("Pai/Mãe: Por favor, mande mais dinheiro."). Ainda mais impressionante é que os alunos podem interagir diretamente com especialistas em sua área de estudo. Qualquer um que saiba usar um diretório on-line de endereços (como o 411.com) é capaz de rastrear o endereço de e-mail de alguém. Como exemplo, no Brasil, temos o site da Telefônica (www.telefonica. com.br) e o dos Correios (http://www.buscacep.correios. com.br/). De fato, muitos projetos educacionais foram montados para pôr estudantes e especialistas em contato e promover o diálogo entre eles.

O Jason Project (http://www.jasonproject.org) proporciona a estudantes do mundo inteiro a chance de participar diretamente de projetos científicos conduzidos pelo dr. Robert Ballard (http://www.jason.org/public/whatis/start.aspx).

Foco no aluno

Outra característica comum da educação on-line é estar centrada no aluno. Embora o corpo docente ainda desempenhe o papel principal na criação e organização das aulas, os alunos em grande parte determinam seu direcionamento por meio de sua participação e das atividades desenvolvidas. Os professores definem as metas e facilitam ou gerenciam o processo de aprendizagem; os alunos descobrem o conteúdo por si mesmos e executam tarefas ou projetos. Isso significa que os cursos on-line geralmente são menos estruturados (mais caóticos?) que as aulas tradicionais. Também significa que os alunos precisam aceitar o fato de que devem ter mais responsabilidade por sua aprendizagem.

Eliminação de fronteiras

Costuma-se dizer que a educação on-line ultrapassa as paredes da sala de aula, no sentido de que dá ao aluno acesso à informação e a pessoas em qualquer parte do mundo. Ao mesmo tempo, podemos dizer que ela abre as portas da sala de aula para muitos outros alunos. A educação on-line remove as fronteiras de espaço e tempo da aprendizagem, bem como em relação a quem pode aprender. Ela é uma grande dádiva para indivíduos que vivem em lugares remotos, são deficientes físicos, que se mudam com frequência ou que, de algum modo, são diferentes dos alunos "típicos" inscritos em um programa de estudos.

Essa consideração é especialmente importante no local de trabalho, onde cursos para funcionários podem ser muito caros ou tomar muito tempo. Com a educação on-line, as pessoas poderão aprender determinados assuntos no próprio trabalho ou em casa, sem precisar sair para um programa de treinamento em algum lugar distante. Além do mais, poderão aprender quanto precisam – diferentemente dos programas tradicionais de treinamento com cursos padronizados.

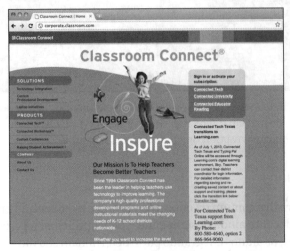

MayaQuest foi a primeira de uma série de expedições interativas em andamento envolvendo milhares de estudantes, disponível no site Classroom Connect (http://www.classroom.com).

Comunidade

A educação sempre ocorre em uma comunidade, seja ela definida por determinada escola ou faculdade, ou uma comunidade física, como no caso de certa cidade. A educação on-line pode unir qualquer comunidade aumentando-se a acessibilidade e a conectividade. O simples fato de se criar uma home page na Web que forneça links a elementos antes separados, ou um diretório on-line com endereços de e-mail ou números de telefone, ajuda a estabelecer uma comunidade.

De fato, as redes de computadores tornam possível definir comunidades virtuais que unem pessoas em torno de interesses comuns (Rheingold, 1993). Um site para quem gosta de cães ou para apreciadores de vinho gera uma comunidade virtual que não corresponde a nenhuma localização física. É possível criar uma escola ou faculdade virtual que consista em uma comunidade de aprendizagem sem precisar usar instalações físicas. Algumas pessoas podem se sentir incomodadas com esse conceito, mas é apenas uma das características do ciberespaço.

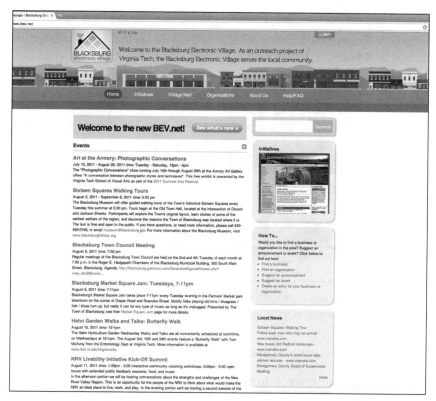

Blacksburg Electronic Village (http://www.bev.net): uma cidade universitária torna-se uma comunidades conectada.

Exploração

Muitas das atividades on-line envolvem algum tipo de aventura ou descoberta em termos de formato de aprendizagem. Se os jogos de computador podem ser tão divertidos, por que aprendizagem "séria" não pode sê-lo também? Crianças pequenas, particularmente, adoram explorar novas atividades, e as classes de oitava série geralmente utilizam esse método. Também é um bom formato para museus e centros de ciências, onde as pessoas se divertem e ainda aprendem.

Um tipo de exploração mais formal é a aprendizagem com base em problemas, geralmente usada na educação profissional (direito, medicina, engenharia, administração). Nesse método, os alunos são apresentados a situações-problema ou estudos de caso e devem elaborar uma solução, um diagnóstico, uma estratégia ou um projeto. A aprendizagem baseada em problemas é bastante compatível com a educação on-line porque o acesso aos recursos e ao conhecimento é um aspecto fundamental da resolução de problemas.

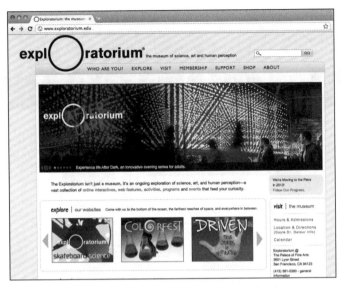

O San Francisco Exploratorium (http://www.exploratorium.edu) é um museu on-line que oferece várias atividades interessantes.[1]

Conhecimento compartilhado

Embora o compartilhamento do conhecimento seja a essência da educação, antes do surgimento das redes de computadores esse compartilhamento era bastante limitado. Os livros, obviamente, eram uma tecnologia maravilhosa – com preço acessível, ótima portabilidade e durável. Mas apenas uma fração muito pequena do conhecimento humano é publicada, e as estantes ou bibliotecas podem conter muito pouco desse conteúdo.

Disponibilizar informação na Web (ou em algum outro formato eletrônico) torna-a imediatamente acessível a qualquer pessoa no mundo que tenha acesso à internet. Qualquer um pode ser autor/editor (para o bem ou para o mal).

Os alunos podem entrar nessa vasta rede de conhecimento para fazer trabalhos escolares e também dar sua contribuição. De fato, a Web não faz distinção entre documentos criados por um prêmio Nobel e um aluno da quinta série. O que importa é a qualidade e a utilidade da informação fornecida.

---

[1] O Google, em fevereiro de 2011, criou uma ferramenta on-line que permite a visitação virtual de 17 importantes museus em todo o mundo e a visualização de suas mais de mil obras de arte. Por meio dessa ferramenta, é possível visitar os seguintes museus: MoMA, de Nova York; o Museu Van Gogh, em Amsterdã; a Tate Britain e a National Gallery, de Londres. Visite o endereço: http://www.googleartproject.com/. (NRT)

Muitas agências governamentais, como a U.S. Geological Survey, têm páginas de conteúdo educacional na Web (http://info.er.usgs.gov).

Experiências multissensoriais

Sabemos que o aprendizado é mais eficaz quando envolve múltiplos canais sensoriais (visuais, de cor, de movimento, voz, toque e olfato). Também sabemos que as pessoas apresentam diferentes preferências sensoriais (chamadas estilos cognitivos).

A tecnologia multimídia (que está presente na Web) pode proporcionar certos tipos de experiências multissensoriais de aprendizagem. Embora essas interações não sejam tão diversificadas ou completas como as experiências diretas (por exemplo, não é possível ter experiências com as sensações de tato ou olfato),[2] geralmente são muito melhores que as atividades tradicionais de uma sala de aula baseadas no que o professor "fala e escreve".

O vídeo tornou-se um aspecto fundamental das redes porque permite às pessoas ter contato face a face, seja em videoconferências em tempo real, seja em segmentos pré-gravados. A informação fornecida em formato de vídeo é muito

---

[2] Atualmente, temos um conjunto de software das tecnologias assistivas que trabalham com o uso dos sentidos como o tato, alguns estão à disposição em: http://saci.org.br/?modulo=akemi&parametro=6897. (NRT)

mais rica que aquela em formato de texto, permitindo que a interação por computador se aproxime daquilo que é o contato pessoal.

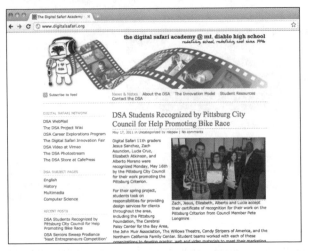

A Mt Diablo Multimedia Academy produziu o Digital Safari (http://www.digitalsafari.org/), um exemplo de utilização de tecnologia multimídia e redes sociais e ferramentas colaborativas. O Math Forum (mathforum.org) é uma fonte de auxílio matemático e de informações da Drexel Univesity.

Autenticidade

Uma das implicações da conectividade, do senso de comunidade e do conhecimento compartilhado é que a educação on-line apresenta alto nível de autenticidade. Ironicamente, o mundo virtual pode ser mais real que o da sala de aula física. Como os alunos podem acessar bancos de dados e especialistas de verdade, suas atividades são realistas. A falta de realismo no ensino tradicional geralmente tem sido identificada como um grande ponto fraco da educação em todos os níveis. De fato, muitas vezes uma das razões por que os alunos se decepcionam com a escola ou a faculdade é a falta de pertinência com o "mundo real".

A Web proporciona acesso direto a importantes repositórios de informação para pesquisa, como agências governamentais e bancos de dados. Quase toda corporação tem uma página na Web que fornece detalhes sobre seus interesses comerciais atuais e futuros. E, cada vez mais, a literatura técnica internacional, representada por artigos de periódicos e atas de conferências, está disponível on-line.

Introdução | 11

Admirável mundo novo

Os nove temas já discutidos ilustram alguns dos principais aspectos em que a educação on-line difere do ensino tradicional. Na verdade, há certos elementos que ocasionalmente já aparecem nas salas de aula e que poderiam ser mais bem aproveitados, se quiséssemos. Mas, tomados em seu conjunto, esses elementos definem uma nova maneira de aprender e ensinar que é fundamentalmente diferente do que fazemos hoje nas escolas. Neste livro examinaremos em detalhes o que isso significa – para estudantes, professores, instituições educacionais e a sociedade em geral.

Quando apresentadas à ideia de educação on-line, muitas pessoas supõem que se trata de algum tipo de contexto impessoal e mecânico. A grande ironia é que a educação on-line é muito mais humana e pessoal que a maior parte das formas de instrução em sala de aula. A educação on-line envolve níveis de conectividade, senso de comunidade e compartilhamento de conhecimento raramente vistos em ambientes escolares. No entanto, a aprendizagem e o ensino on-line são de natureza muito diferente dos formatos tradicionais, e isso pode criar incerteza e desconforto. Para um conjunto de alunos e professores, trata-se de algo novo, e é preciso algum tempo para se acostumar. Como representa grandes mudanças no modo em que a educação é elaborada e apresentada, há muitos desafios para os administradores e gestores que tentam implementá-la em suas instituições e organizações.

Sendo a educação on-line um admirável mundo novo, não sabemos aonde ela nos levará. Nem mesmo sabemos como fazê-la muito bem.[3] Mas ela é um imperativo, e não uma opção. À medida que a tecnologia avança a uma velocidade estonteante, transformando nossas vidas, precisamos acompanhá-la para nos manter atualizados. O mundo muda muito rapidamente e há informação demais para os nossos velhos métodos de ensino. Precisamos abraçar a educação on-line para nosso bem-estar pessoal e coletivo.

Para mais discussões sobre o impacto das telecomunicações na aprendizagem, veja Benson e Fodemski (1996), Collis (1996), Duning, Van Kererix e Zabrowski (1993) ou Schrum e Berenfeld (1997).

Ideias principais

- A educação on-line é muito diferente das primeiras experiências com computadores em ensino e aprendizagem (CAI/CBI).
- Os nove temas que caracterizam a educação on-line são (1) colaboração, (2) conectividade, (3) foco no aluno, (4) eliminação de fronteiras, (5) senso de

---

[3] As pessoas que trabalham nesta área estão construindo a história no que diz respeito a EaD com o uso das tecnologias digitais, e já "ditam" parâmetros de como fazer. (NRT)

comunidade, (6) exploração, (7) conhecimento compartilhado, (8) experiência multissensorial e (9) autenticidade.

- A educação on-line requer novas formas de ensino e aprendizagem quando comparada ao ensino tradicional em sala de aula.

Questões para reflexão

1. Pesquise a literatura sobre CAI/CBI. Por que a interação entre um programa e uma pessoa tornou-se a ideia dominante nessa abordagem?
2. Existem aspectos positivos importantes do ensino tradicional em sala de aula que não farão parte da educação on-line? E os aspectos negativos?
3. Na sua opinião, como aluno, qual é o aspecto mais difícil da educação on-line? E para o professor?
4. Dos diferentes temas discutidos neste capítulo, qual parece ser o mais importante em termos de mudança da natureza da educação?
5. Imagine que você esteja em uma posição de liderança na educação, como diretor de determinada escola ou faculdade (ou talvez esteja mesmo!). Quais são as preocupações que teria ao introduzir a educação on-line em sua instituição?
6. Investigue o que diferentes países estão fazendo em relação à educação on-line. Compare suas abordagens.

2

O alcance da educação on-line

Após a leitura deste capítulo, você entenderá:

- a infraestrura em rede necessária para a educação on-line;
- as diferentes formas que a aprendizagem e o ensino on-line assumem nos diversos níveis do sistema educacional.

De um mundo ordenado por disciplinas e cursos, a educação se transformou em uma infosfera onde as tecnologias de comunicação são cada vez mais importantes. Embora a educação esteja mudando, não o faz com a devida velocidade. Está claro que no futuro teremos uma profunda reestruturação em nossas instituições sociais, industriais e educacionais, e uma dependência cada vez maior em relação aos computadores e às telecomunicações no trabalho e na educação. (Molnar, 1997, p. 68)

O que é, exatamente, a educação on-line? O primeiro capítulo tratou das nove características principais que ajudam a defini-la. Entretanto, ela é ainda mais diversificada em sua natureza do que revelam essas características. Neste capítulo, examinaremos os diferentes tipos e níveis de educação on-line. E, apesar de apresentarmos cada categoria separadamente, na verdade elas estão inter-relacionadas e interconectadas no ciberespaço.

Redes

É óbvio que a educação on-line envolve o uso de redes de computadores para a aprendizagem e o ensino. E isso inclui redes públicas em grande escala, como a internet, ou pequenas redes locais (*local area networks* – LANs) situadas em um local específico. Estas podem ser a base de uma sala de aula eletrônica ou de um sistema de computadores de determinado campus ou escola. Na maior parte das instituições e organizações, as LANs estão conectadas a redes públicas, o que torna a distinção invisível aos usuários.

A School Networking (CoSN) é uma boa fonte de informação sobre redes educacionais (http://www.cosn.org).

As conexões com redes públicas geralmente são feitas por meio de modems e linhas de telefone comuns, enquanto as conexões por LAN envolvem ligações diretas via cabo. Escolas e faculdades associadas, situadas em vários locais de uma região ou de um estado, provavelmente alugam linhas de alta velocidade, com transmissão em fibra óptica ou micro-ondas. Grandes corporações e agências governamentais ou militares tendem a usar satélites para transmitir dados e para a comunicação em rede. Também é possível (e cada vez mais comum) conectar-se a redes públicas ou LANs por meio de dispositivos *wireless* (sem fio), como o celular ou serviço de rádio de pacote geral (*packet radio*).

O uso de qualquer tipo de rede requer uma considerável estrutura tecnológica: hardware, software e, antes de tudo, suporte técnico. Felizmente, a maioria dos educadores não precisa de muito conhecimento sobre infraestrutura para atuar no ensino on-line, mas os administradores, sim, devem conhecer o básico para poder construir, operar e manter as redes. O que todos têm de fazer (alunos inclusive) é estar conectados. Para a maioria das pessoas, isso significa abrir uma conta em um provedor de serviço de internet (*Internet service provider* – ISP) e, talvez, escolher o tipo de conexão (por exemplo, modem a cabo, ISDN ou linha de telefone comum). Para as instituições educacionais, significa obter um número suficiente de linhas de telefone ou conexões de alta velocidade [ou redes Wi-Fi] e fornecer a alunos e funcionários acesso à internet. Também significa disponibilizar conexões LAN em salas de aula e na administração de modo a satisfazer as necessidades de comunicação na instituição.

A maioria das agências governamentais, corporações e instituições de ensino superior investe uma parcela significativa de seus recursos no desenvolvimento e suporte de redes (por exemplo, Gascoyne e Ozcubucku, 1996; Martin, 1996).

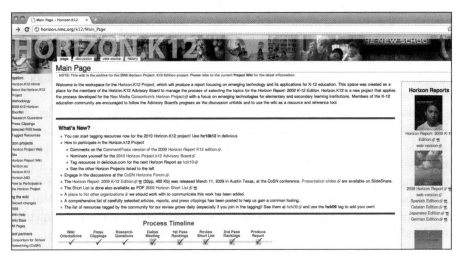

O Horizon K12 (http://horizon.nmc.org/k12/Main_Page) é um site que ajuda escolas a perceber tendências em ferramentas para atividades on-line, com a colaboração de muitas universidades.

No entanto, até recentemente, as escolas não faziam isso. Mas, no fim da década de 1990, os governos estadual e federal, orientados pela Casa Branca e pelos governadores dos estados, fizeram um grande esforço para desenvolver uma infraestrutura de rede em todo o sistema de escolas públicas dos Estados Unidos. A iniciativa envolveu grandes subvenções aos sistemas escolares, a criação de um subsídio para as telecomunicações (o E-rate) e muitas parcerias entre companhias de telecomunicações e escolas. Ao mesmo tempo, novas tecnologias de rede de alta velocidade (como a Internet 2) estavam sendo implementadas. No alvorecer do século XXI, a infraestrutura de rede dos Estados Unidos e de outras nações desenvolvidas estava pronta para a educação on-line.[1] (Infelizmente, professores, administradores e pais não estavam prontos – mas isso veremos adiante.)

---
[1] No Brasil, desde o início do século XXI, estão sendo criadas iniciativas por meio de políticas públicas com o objetivo de levar a internet para todas as escolas do país. Para isso, o governo federal tem desenvolvido projetos como o Projeto Banda Larga nas Escolas Públicas Urbanas (http://www.anatel.gov.br/Portal/exibirPortalNivelDois.do?codItemCanal=1539&nomeVisao=Cidad%E3o&nomeCanal=Intera%E7%E3o%20com%20a%20Sociedade&nomeItemCanal=P). (NRT)

Educação superior

Sem dúvida, a educação on-line é mais disseminada em universidades e faculdades, especialmente em nível de pós-graduação. Isso se deve principalmente à disponibilidade de computadores e redes (lembre-se de que a internet começou como uma rede de pesquisa entre universidades), mas também à presença de estudantes maduros e motivados, capazes de estudar de forma independente, como é o caso em muitos cursos on-line, e um corpo docente suficientemente familiarizado com aplicações de rede (como o e-mail e a Web) para oferecer tais cursos. A presença de um bom suporte técnico em termos de software, redes e desenvolvimento instrucional também é um fator importante.

Cursos on-line desenvolvidos e utilizados em universidades e faculdades tendem a assumir a forma de bancos de dados na Web para as áreas de especialização do corpo docente. Geralmente incluem conteúdos de palestras dadas por professores, links para sites que tenham a ver com o assunto do curso e artigos/leituras on-line. Muitas vezes os cursos trazem fóruns de discussão ou recursos para conferências em tempo real (veja o próximo capítulo). Podem ser usados também como suplementos de aulas oferecidas no campus ou como material independente sem qualquer ligação com as atividades no campus.

Site sobre Charles Dickens, coordenado por Eiichi Hara (Tokyo Woman's Christian University), Japão (http://www.dickens.jp/index-e.html).

A princípio, os cursos on-line geralmente eram desenvolvidos graças à iniciativa de alguns professores, mas finalmente todo um curso ou a faculdade inteira estará on-line. Quando chegam a esse ponto, muitos outros aspectos são adicionados ao site, incluindo horários dos cursos, informações administrativas, notas dos alunos, oportunidades de moradia no campus e atividades de ex--alunos. A responsabilidade pelo desenvolvimento e manutenção do site, bem como os formatos dos documentos, torna-se formalizada.

Outra iniciativa comum ocorre quando professores de diversas instituições unem esforços e criam um site para uso de seus alunos, ou talvez para o público em geral. Em alguns casos, trata-se de uma colaboração informal entre dois ou mais membros do corpo docente; em outros casos, pode ser um consórcio formal com dezenas de membros. Há muito tempo essas colaborações são comuns no ambiente acadêmico, mas a Web facilita muito o acesso, tanto de alunos como de pessoas de fora da universidade, aos resultados (material para o currículo, relatórios de pesquisa, bancos de dados).

Global Anesthesiology Server Network (GASNet) é um exemplo de site interinstitucional para educação médica (http://anestit.unipa.it/HomePage.html).

É difícil estimar a porcentagem de cursos superiores que atualmente estão on-line, pois há muitos formatos diferentes de cursos on-line nessa área. Por exemplo, um curso no campus poderá utilizar o e-mail como ferramenta de interação fora do horário de aula ou apresentar atividades laboratoriais em rede, mas em outros aspectos ele ainda é considerado um curso tradicional. No entanto, há uma clara tendência de cada vez mais cursos universitários serem oferecidos completamente on-line sem componentes que envolvam o campus.

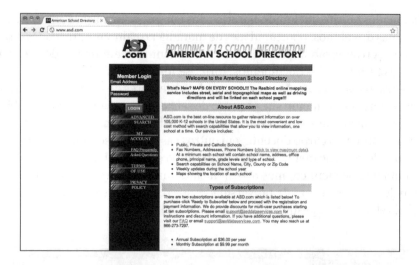

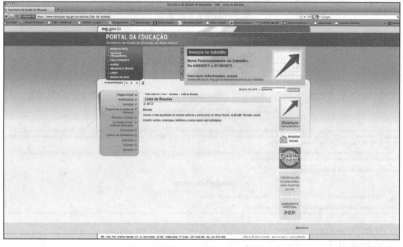

O site American School Directory (http://www.asd.com) oferece links para mais de 70 mil escolas dos Estados Unidos. É projetado como uma ferramenta para selecionar escolas, e sua página de ex-alunos também oferece meios para que os estudantes mantenham contato depois de se formarem. No Brasil, temos sites como o da Secretaria da Educação que oferece lista de escolas autorizadas a funcionar em Minas Gerais (https://www.educacao.mg.gov.br/escolas/lista-de-escolas), por exemplo.

Escolas do ensino fundamental e ensino médio

Para escolas do ensino fundamental e ensino médio, a principal função da internet é oferecer um gigantesco sistema de biblioteca on-line. Alunos e professores não mais se encontram limitados a um único livro-texto ou a uma pequena coleção de livros, mas podem buscar informação em qualquer parte. Além do mais, procurar informação on-line se parece mais como uma exploração em campo aberto do que uma visita a uma biblioteca, pois os sites visitados geralmente são muito ricos em detalhes. De fato, incursões eletrônicas a sites de museus, zoológicos, países estrangeiros, agências do governo (como a Nasa) tornaram-se uma atividade muito comum em salas de aula.

Outra atividade muito comum das redes nas escolas são os projetos colaborativos, seja dentro de uma única classe seja envolvendo vários colégios. Os alunos são organizados em pequenos grupos, cada um com um projeto específico, e depois usam as redes para coletar as informações pertinentes e preparar um relatório ou uma apresentação. As atividades em redes envolvem uma LAN em uma escola que dá acesso a CD-ROMs ou, mais provavelmente, à internet. Muitos desses projetos envolvem interação com alunos de outras escolas por e-mail, geralmente em um contexto internacional. Por exemplo, os alunos podem juntar-se a outros de uma escola estrangeira e ter como tarefa coletar informações demográficas entre si, como população, número de igrejas ou hospitais e outras estatísticas. Vários sites na Web facilitam esse tipo de interação, entre eles o Epals Classroom Exchange (http://www.epals.com), que já conectou mais de 10 mil salas de aula em mais de cem países.

Mesmo um projeto simples como este permite aos alunos lidar com diferenças de linguagem e de cultura, e também com as questões sociais que surgem das diferenças demográficas. Também é possível desenvolver habilidades matemáticas de acordo com o modo como a informação coletada é analisada e apresentada (ótima oportunidade para porcentagens e gráficos) ou para pesquisar temas científicos interessantes (como ecologia ou química da poluição). E sempre há muitas oportunidades para troca de ideias sobre arte e música em nível histórico ou contemporâneo.

A sofisticação e a complexidade desses projetos de compartilhamento de informação podem variar bastante ao longo das séries escolares e de uma escola para outra. Em um nível mais básico, as trocas tendem a ser limitadas a "companheiros de e-mail", com os alunos trocando mensagens sobre seus assuntos favoritos e praticando habilidades com a linguagem e a escrita. Nas séries intermediárias, os projetos tendem a ser estruturados em torno de estudos curriculares em áreas como geografia, história, política e ciências. No ensino médio, os alunos são encorajados a conduzir projetos de interesse pessoal relacionados a áreas que queiram explorar mais detalhadamente. Não é raro que projetos iniciados por alunos do ensino médio tenham impacto significativo em seu futuro educacional ou profissional.

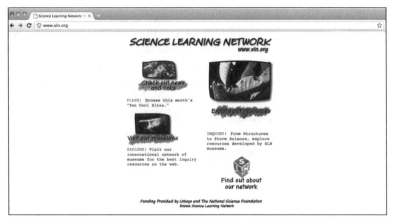

A Science Learning Network (http://www.sln.org) dá acesso a projetos colaborativos na área de ciências.

Esforços de colaboração podem ser organizados diretamente pelos professores e escolas envolvidos, ou aproveitando-se um dos muitos projetos em andamento já existentes. Por exemplo, o Yahoo Kids possui uma seção educacional que permite aos alunos contribuir para uma enciclopédia on-line. Os estudantes formulam uma pergunta ao assistente virtual na seção Ask Earl (http://kids.yahoo.com/ask_earl) e as respostas são compartilhadas on-line. Global Lab (http://www.terc.edu/newsroom/375.html) é um projeto científico de grande escala que envolve mais de cem escolas do mundo inteiro. Os alunos de uma escola participante concordam em coletar e analisar dados sobre algum aspecto de seu ambiente (por exemplo, um lago, um rio, a atmosfera) e postar os resultados no site, de modo que todos os que fazem parte do projeto possam ver as tendências globais.

Corporações e agências governamentais

A maioria das grandes corporações faz uso extensivo das redes, embora mais para fins de gerenciamento de informação do que para assuntos que tenham a ver especificamente com educação. De fato, aplicações educacionais e de treinamento tendem a ser integradas com outras aplicações na forma de ajuda, suporte ao desempenho ou sistemas de gerenciamento de conhecimento (veja Marquardt e Kearsley, 1999). Sistemas de ajuda geralmente são embutidos nos programas e fornecem explicações de como usar funções específicas ou realizar certas tarefas. Quase todos os softwares comerciais e proprietários desenvolvidos hoje em dia incluem algum nível de ajuda on-line. Sistemas de suporte ao desempenho geralmente incluem tutoriais, mas costumam oferecer mais capacidades na forma de demonstrações, perguntas frequentes (*Frequently Asqued Questions* – FAQs) e bancos de recursos com documentação, contatos ou ferramentas para resolução de problemas. Sistemas de gerenciamento de conhecimento tentam acumular e sintetizar a experiência coletiva de indivíduos na organização, criando bancos de dados que cobrem todos os aspectos das atividades organizacionais e oferecendo poderosas ferramentas para analisá-los.

Muitas empresas de tecnologia, como a Microsoft Corporation (http://www.microsoft.com), fornecem treinamento técnico on-line.

Várias companhias têm criado "universidades corporativas" eletrônicas baseadas nos programas de treinamento que oferecem para seus empregados e clientes (veja http://www.corpu.com). Empresas da área de informática (incluindo Microsoft, Novell, IBM e Sun) têm oferecido cursos on-line sobre hardware ou software relativos a seus produtos ou serviços. Agências do governo norte-americano, sejam elas da área militar, o Ministério da Agricultura, a Receita Federal ou qualquer outra, também migraram para a Web seus esforços educativos para o público interno e externo. Boa parte dos treinamentos on-line, porém, ocorre dentro de intranets privadas, e não na internet pública, em virtude da confidencialidade das informações fornecidas nesses sistemas. Por essa razão, é difícil examinar ou descrever a extensão da educação on-line no mundo dos treinamentos.

No Brasil, temos exemplos como: a Escola de Formação do Servidor Público de São Paulo (http://www.prefeitura.sp.gov.br/cidade/secretarias/planejamento/escola_de_formacao/); Escola Nacional de Administração Pública (http://www.enap.gov.br/index.php?Itemid=55&evento=formacao_carreira&option=com_include); Colégio de Diretores de Escolas dos Ministérios Públicos do Brasil (CEDEMP) (http://www.ceaf.mp.pr.gov.br/modules/conteudo/conteudo.php?conteudo=63); e no Distrito Federal (www.esmpu.gov.br e www.escolamp.org.br).

Há, porém, um grande número de empresas que oferecem cursos on-line dirigidos à área de negócios. Muitas delas são especializadas em um segmento específico, como finanças (por exemplo, http://www.digitu.com), desenvolvimento gerencial/de carreira (por exemplo, http://www.athenaonline.com), tópicos sobre segurança/ambiente (por exemplo, http://www.knoweledge-wire.com) ou hospitalidade (por exemplo, http://www.Hoteltraining.com). Uma central de informações geral sobre cursos de treinamento pode ser encontrada em http://www.iste.org/learn.aspx.

Organizações sem fins lucrativos

Ampla variedade de organizações sem fins lucrativos desempenha uma importante função educacional na sociedade, e muitas já têm presença on-line. Esse grupo inclui milhares de associações profissionais e comerciais que oferecem diversas atividades educacionais para seus membros e para o público em geral, incluindo publicações, conferências e *workshops* (veja, no Capítulo 13, uma lista daquelas que são particularmente relevantes para a área educacional). Além disso, grandes organizações internacionais, como a Cruz Vermelha (http://www.redcross.org) e a AARP (http://www.aarp.org), bem como centenas de organizações menores em cada comunidade, também apresentam funções educacionais.

Uma das metas dessas organizações é encontrar meios eficazes em termos de custo-benefício para atingir seus membros e o público. A Web proporciona a solução perfeita, reduzindo custos de marketing e de distribuição, ao mesmo tempo que faz aumentar significativamente o público potencial. No entanto, a Web funciona se todos os membros e o público tiverem fácil acesso – o que não acontecia até o fim do século XX. Enquanto isso, essas organizações exploram o potencial da Web procurando a melhor forma de conduzir sua missão em um ambiente on-line.

Educação em casa

Por fim, a educação on-line poderia ter seu maior impacto nos lares das pessoas. O rádio e a televisão tiveram sucesso, mas com limitado valor educacional. À medida que aumenta o número de lares com computadores, é provável que, cada vez mais, as atividades educacionais ocorram ali. Os adultos utilizam cada vez mais os computadores para educação continuada e treinamentos relacionados ao trabalho; estudantes de faculdades e colégios, para fazer seus trabalhos escolares. É claro que boa parte da aprendizagem em casa é informal, por exemplo, para descobrir o que há de errado com o gato da família, fazer o planejamento das férias ou comprar um carro novo.

Uma das áreas que sem dúvida pode ter grande desenvolvimento é o de programas on-line dirigidos à educação pré-escolar (sites na Web para pais com filhos pequenos). Diversos sites oferecem suporte para escolarização em domicílio. Também há muitos sites dedicados à aprendizagem de adultos, seja com o objetivo de lazer ou como incentivo para novas carreiras. Esse grupo inclui todas as organizações sem fins lucrativos previamente mencionadas, bem como aquelas que se especializam em programas de estudo para o lar (veja: http://www.homeedmag.com/).

O site Homeschool World (http://www.home-school.com/) é um dos muitos recursos on-line dedicados à escolarização em casa.

Espaços públicos

Por fim, outros possíveis ambientes de aprendizagem com os sistemas eletrônicos são os espaços públicos (Kearsley, 1994). Quiosques podem ser montados em shoppings, bibliotecas, aeroportos, centros de convenção, saguões de hotel, cafeterias, salas de espera em hospitais e outros locais públicos. Embora esses sistemas ofereçam informações gerais, como localização ou serviços disponíveis, também podem ser usados de forma mais sofisticada. Por exemplo, em instalações médicas podem dar informação sobre os pacientes ou sobre as normas de saúde; sistemas em serviços públicos podem fornecer explicações sobre requerimentos ou procedimentos para reclamações; em centros de informação para turistas, é possível oferecer dados históricos ou acesso a recursos da comunidade. Varejistas usam sistemas de acesso público em suas lojas para aumentar a variedade de mercadorias disponíveis ou para criar presença em localidades onde não há nenhuma loja.

Historicamente, os sistemas de acesso público têm-se caracterizado como dispositivos isolados em CD-ROM ou disco magnético para armazenagem de dados; no entanto, é cada vez mais comum a informação disponível em quiosques ser proveniente da Web.

Sites de informação sobre viagens, como este guia de Paris (http://www.simplyparis.org/), são excelentes para ambientes de acesso público.

O acesso direto ao site poupa trabalho ao desenvolvedor e significa que a informação está atualizada (supondo-se que o site tenha atualizações). Quiosques em áreas públicas aumentam a acessibilidade aos sites e tornam a informação disponível em um ambiente onde ela é mais necessária (locais de contato público inicial).

Margaret Riel: círculos de aprendizagem

Margaret Riel foi uma das primeiras pesquisadoras a se concentrar no desenvolvimento de redes colaborativas globais em nível de ensino fundamental e médio. Ela conduziu um projeto chamado "Círculos de Aprendizagem" ("*Learning Circles*"), que originalmente envolveu uma parceria com a AT&T e faz parte da iEARN (Rede Internacional de Educação e de Recursos). O importante nesse projeto foi a formação de pequenos grupos que seguiam regras bem definidas de interação on-line. Posteriormente, ela se envolveu no projeto "Passaporte para o Conhecimento" ("Passport to Knowledge"), que conecta estudantes com cientistas e permite àqueles participar diretamente da descoberta científica.

Atualmente, Margaret Riel é pesquisadora sênior do Centro de Tecnologia de Aprendizagem na SRI International. Ela é orientadora no programa de doutorado on-line da Pepperdine University, onde apoia os educadores por meio de um processo de pesquisa-ação utilizando uma gama de instrumentos inovadores de educação e comunicação. Sua página é http://ctl.sri.com/people/displayPerson.jsp?Nick=mriel.

O tipo de aprendizagem que ocorre quando as pessoas utilizam os sistemas de acesso público é de natureza relativamente casual e informal. No entanto, há razões para acreditar que essa aprendizagem é tão importante quanto a aprendizagem formal que ocorre no contexto da escola. Os sistemas de acesso público nos permitem oferecer experiências de aprendizagem informal mais ricas e de maior densidade informacional do que antes era possível nesse tipo de contexto. Os sistemas de acesso público são um exemplo do modelo de aprendizagem "a qualquer hora/em qualquer lugar" promovido pelas redes on-line e pela informática.

Conclusão

Este capítulo fez um levantamento da enorme diversidade dos serviços educacionais on-line existentes hoje nos Estados Unidos e em todo o mundo (veja também Berge e Collins, 1995, 1996; Khan, 1997). Amplo espectro de diferentes tecnologias é usado para fornecer informações em rede em uma instituição ou organização, bem como para oferecer acesso em rede para indivíduos em seus domicílios ou em espaços públicos. No entanto, o simples fato de essas oportunidades de aprendizagem existirem não significa uma garantia de que serão usadas com eficácia. Assim, daqui para a frente vamos examinar em detalhes como funciona a educação on-line.

Ideias principais

- Embora as redes de computadores possam ser muito complexas, os educadores apenas precisam entender alguns detalhes (como conectar-se) para utilizá-las.
- A educação on-line desenvolveu-se rapidamente na educação de nível superior porque já existe a infraestrutura necessária (equipamentos, ferramentas de software, suporte técnico).
- As aplicações da educação on-line no ensino fundamental e médio enfatizam o acesso a recursos não disponíveis em sala de aula e a colaboração entre os alunos.
- Corporações e agências governamentais estão interessadas principalmente no gerenciamento da informação e em documentos on-line, embora algumas já tenham desenvolvido suporte ao desempenho e sistemas de gerenciamento de conhecimento.

O alcance da educação on-line | 27

- Áreas emergentes para a educação on-line são as organizações sem fins lucrativos, a educação domiciliar e os espaços públicos.

Questões para reflexão

1. Quais são os principais problemas com o uso de redes em escolas?
2. É mais difícil implantar cursos on-line no ensino médio e fundamental ou nos cursos superiores?
3. Você acha que a ênfase na colaboração entre escolas mudará significativamente a natureza do ensino ou da aprendizagem?
4. Quais são as vantagens e desvantagens do treinamento on-line em corporações?
5. Como a educação on-line mudará a natureza das organizações sem fins lucrativos?
6. Que tipo de problemas você antevê com a aprendizagem on-line em casa?

3

Elementos da educação on-line

Após a leitura deste capítulo, você entenderá:

- os diferentes tipos de aplicativos on-line e como podem ser utilizados no processo de ensino e aprendizagem;
- os benefícios e as limitações de diferentes aplicativos on-line no contexto educacional.

> Quando lemos um e-mail, postamos uma mensagem em um fórum ou fazemos uma reserva de passagem aérea pela internet, estamos no ciberespaço. Ali, podemos conversar, trocar ideias e assumir personas de nossa própria criação. Temos a oportunidade de construir novos tipos de comunidade, comunidades virtuais, das quais participamos com pessoas do mundo inteiro, pessoas com quem conversamos diariamente, pessoas com quem podemos ter relacionamentos relativamente íntimos, mas que talvez nunca conheçamos pessoalmente. (Turkle, 1995, p. 10)

Como vimos no capítulo anterior, os computadores podem ser usados na área educacional de diversas maneiras. Neste capítulo, trataremos de alguns dos elementos básicos da educação on-line, a começar pelo e-mail e prosseguiremos para temas mais avançados, como *groupware* e simulações. Também discutiremos o desenvolvimento curricular e as ferramentas de gerenciamento [dos processos escolares].

E-mail

O e-mail (correio eletrônico) foi a primeira de todas as formas de aprendizagem e ensino on-line. De fato, é bem possível que, em um curso, se use nada mais que o e-mail e mesmo assim ocorra uma experiência de aprendizagem altamente valiosa. O e-mail apresenta uma relação custo-benefício e é bastante eficaz em termos dos recursos necessários de computação e rede. Funciona com um mínimo de equipamento, software e não são necessárias grandes instalações. Além disso, como existe a possibilidade de abertura de contas de e-mail gratuitas na Web (veja o site: http://www.e-mailaddresses.com ou www.hotmail.com), não há necessidade nem mesmo de se comprar um software de e-mail.

Embora os sistemas de e-mail tenham se tornado cada vez mais sofisticados com o passar dos anos, ainda apresentam as mesmas funções básicas (compor, enviar, responder e encaminhar mensagem) como nos primeiros sistemas da década de 1970. No entanto, a maior parte dos sistemas de e-mail modernos (por exemplo, Eudora, Netscape Mail, MS Outlook) armazena as mensagens e fornece pastas (*folders*) separadas para diferentes categorias (caixa de entrada, caixa de saída, itens enviados). A capacidade de armazenar mensagens significa que a correspondência pode ser redigida e lida off-line, o que minimiza a necessidade de conexão com a internet. As pastas ajudam a encontrar e organizar as mensagens enviadas, recebidas ou que estão sendo redigidas.

O modelo para uso de e-mail em uma classe é muito simples: o professor faz perguntas ou apresenta problemas (ou aproveita material de um livro-texto ou do próprio currículo), e os alunos respondem. Costuma-se passar uma nova atividade a cada semana, ou quinzenalmente, e um prazo para entrega. A atividade pode exigir uma longa resposta por escrito, ou uma resposta mais simples na forma de um número, fórmula, desenho ou citação.

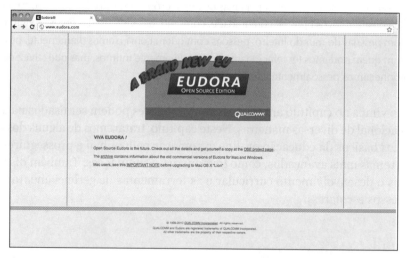

O Eudora é um programa de e-mail muito popular. Esta tela mostra uma lista com todas as mensagens da caixa de entrada (parte superior) e uma mensagem aberta (parte inferior). A mensagem é um exemplo de correspondência "junk". © 1999 Qualcomm Incorporated (http://www.eudora.com).

Na maioria dos casos, a resposta é enviada como mensagem privada ao professor, que então dá um retorno direto ao aluno, respondendo-a. Também é possível tornar o processo mais público solicitando-se aos alunos que enviem cópias de suas respostas aos outros alunos, ou então os professores podem deixar suas respostas circularem da mesma maneira. Normalmente, porém, o primeiro padrão ocorre no contexto de atividades em grupo, e o segundo assume a forma de um resumo que pretende apresentar, de modo geral, um exercício ou uma atividade. Quando é desejável tornar as discussões da classe públicas, as linhas de discussão [grupos e fóruns] geralmente são mais apropriadas que o e-mail.

Para assegurar-se de que todos os inscritos do curso recebam todas as mensagens, é comum o uso de uma lista de discussão. Com essa função, geralmente se utiliza um gerenciador de listas de discussão. Cria-se uma lista com um nome qualquer (por exemplo, ed100-2semestre99) e os endereços de e-mail são adicionados a essa lista como "inscritos" (*subscribers*). Quando uma mensagem é enviada para o nome da lista e para o endereço do servidor (por exemplo, ed100-2semestre99@nebulus.com), todos os inscritos recebem uma cópia de mensagem. As listas de discussão podem ser abertas, permitindo assim que qualquer pessoa interessada nela se inscreva, ou fechadas, com a inscrição limitada a indivíduos específicos (como os alunos de determinado curso).

Além de seu uso formal para tarefas escolares, o e-mail pode ser utilizado informalmente por alunos para interagir com professores e colegas. Se os alunos fazem ou não uso dessa opção (e a maioria faz), o simples fato de poder fazê-lo é um importante fator psicológico. Os alunos sabem que, se quiserem fazer uma pergunta ao professor ou se precisarem de ajuda com um problema relacionado ao curso, poderão pedir auxílio com facilidade. O e-mail aumenta o nível de comunicação entre professores e alunos e torna todos muito mais acessíveis que nas formas tradicionais de ensino. É claro que essa acessibilidade repousa no pressuposto de que todos os participantes (alunos, professores e administradores escolares) leem seu e-mail regularmente – condição fundamental para que a educação on-line funcione. O uso do e-mail também envolve algumas considerações de estilo (veja, por exemplo, Angell e Heslop, 1994).

Uma das principais complicações do correio eletrônico é que às vezes os sistemas caem, impedindo o envio das mensagens, e as pessoas mudam seus endereços de e-mail. A maior parte das redes armazena mensagens que não podem ser entregues e tentam reenviá-las mais tarde – em último caso, notificando o remetente se a mensagem não puder chegar até ele. Quando as pessoas mudam o endereço de e-mail, elas podem usar a opção "encaminhar" para que as mensagens sejam automaticamente enviadas ao seu novo endereço. É claro que essa opção só funcionará se você mantiver uma conta no e-mail antigo.

Linhas de discussão

Depois do e-mail, um recurso bastante aplicado na educação on-line é o sistema de linhas de discussão, também chamado conferência assíncrona, fórum ou *bulletin board* (murais on-line). Embora existam diferentes variações desses sistemas (consulte o link http://en.wikipedia.org/wiki/Internet_forum), todas funcionam do mesmo modo: são criados tópicos e subtópicos e as pessoas postam mensagens no tópico/subtópico desejado. As mensagens incluem o nome do remetente, um título para o assunto e o texto da mensagem. Para ler as mensagens, basta selecionar o tópico/subtópico de interesse e clicar nas mensagens disponíveis.

Sistemas de conferência podem ser montados de diversas maneiras. Novos tópicos podem ser criados somente pelo professor ou pelo professor e pelos alunos. É possível fazer uma configuração para que apenas os tópicos apareçam, e os subtópicos fiquem ocultos, ou então todos os tópicos e subtópicos são mostrados. As mensagens podem ser postadas diretamente e, em geral, devem ser revistas antes de serem postadas. Alguns sistemas identificam mensagens novas/não lidas, e outros permitem que elas sejam classificadas como explicações, discordâncias ou acompanhamentos. A maioria dos sistemas permite que as pessoas editem ou apaguem as próprias mensagens, e que o administrador do sistema cancele ou mude de lugar todas as mensagens.

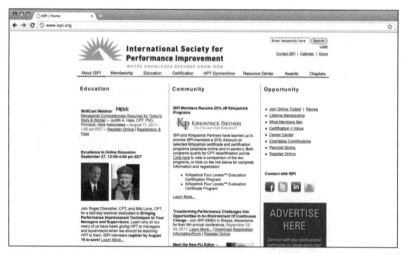

Parte de uma linha de discussão que envolveu uma professora interagindo com alunos na sala de aula e alunos de outra instituição durante um encontro profissional (International Society for Performance Improvement – ISPI).

No contexto de um curso, cada tópico do quadro de discussão corresponde a um tópico da classe. O professor posta uma pergunta, questão ou problema como tópico de discussão, e os alunos postam suas respostas como subtópicos. Além disso, os alunos ou o professor podem adicionar comentários às respostas postadas por outros. Assim, uma discussão evolui com o tempo à medida que os participantes vão postando seus comentários. Como todos veem todas as respostas, esta é uma forma mais pública de interação que o uso do e-mail. Como todas as mensagens permanecem no sistema, é fácil rever o que cada um disse e seguir a discussão.

Essa capacidade de reter todas as mensagens na verdade é um dos problemas do sistema de conferência; um sistema bem utilizado terá centenas de mensagens por tópico, alojadas em diferentes níveis de subtópicos, o que torna sua compreensão difícil. Além disso, os participantes costumam ser descuidados ao responder as mensagens nos tópicos ou subtópicos apropriados, o que traz considerável confusão na sequência da discussão. A não ser que o professor ou o moderador se esforcem bastante para manter a conferência bem organizada, ela poderá tornar-se um caótico amontoado de mensagens. Para que isso não ocorra, é preciso remover ou reposicionar as mensagens postadas no lugar errado e pedir aos participantes que sejam mais cuidadosos em suas postagens.

Conferência em tempo real

A conferência em tempo real abrange qualquer forma de interação on-line síncrona. A forma mais simples de conferência em tempo real é a sessão de *chat* (ou bate-papo), quando os participantes trocam mensagens digitadas e todos as veem logo que são enviadas. Cada mensagem é precedida do nome do remetente, portanto é possível identificar quem disse o quê.

Como a interação ocorre em tempo real, ela é espontânea e dinâmica. No entanto, a discussão em uma sessão de *chat* geralmente é difícil de ser seguida porque provavelmente haverá múltiplas conversações ocorrendo ao mesmo tempo entre diferentes participantes. Em uma sessão de *chat* com mais de três ou quatro participantes, é desejável a presença de um moderador que tenha o controle de quando as pessoas "falam". Os participantes indicam que querem fazer um comentário e o moderador diz à pessoa quando é sua vez. Também é trabalho do moderador manter as pessoas focadas em um tópico e equilibrar o grau de participação dos indivíduos.

Quando a conferência em tempo real é utilizada como parte de um curso, o professor geralmente define o tópico da discussão antecipadamente e modera a sessão de *chat* (ou designa outra pessoa para a função). Outra possibilidade é os alunos usarem as sessões de *chat* para trabalhar em projetos conjuntos ou apenas fazerem algum tipo de socialização sem qualquer envolvimento por parte do professor ou moderador. A maioria dos sistemas de *chat* possui o recurso "salvar", que permite que toda a sessão seja salva, isto é, gravada como um arquivo, o que possibilita rever a discussão mais tarde.

MUDs/MOOs

Domínios multiuso – MUDs (multi-user domains – MUDs) e MUDs orientados a objeto (objects-oriented – MOOs) são uma interessante categoria de conferências em tempo real usada em alguns ambientes educacionais. MUDs/MOOs permitem que muitas pessoas compartilhem um mundo virtual, geralmente criado como "salas" que contêm objetos que podem ser vistos ou manipulados. As pessoas podem interagir enviando mensagens de *chat* e também executar ações simuladas (como levantar-se/sentar-se, agitar os braços ou correr). Os MUDs foram projetados como jogos em que as pessoas vão à caça de tesouros. Já os MOOs são um desenvolvimento posterior de MUDs que utilizam técnicas de programação orientadas a objeto e que são mais fáceis de desenvolver e estender (incluindo componentes corporativos multimídia).

A Athens University utiliza um MOO em seu ambiente de educação virtual (http://www.athens.edu).

Os MUDs/MOOs têm sido usados de diversas maneiras na área educacional. É possível, por exemplo, criar uma escola virtual com salas que correspondem a diferentes classes ou aventuras de aprendizagem. A Athena University, na verdade, é constituída exatamente por essa forma. Também é possível desenvolver um MUD/MOO para um assunto específico (por exemplo, a tabela periódica, períodos geológicos, eventos históricos, biologia da célula) em que as salas correspondam a conceitos importantes e contenham elementos relacionados a esses conceitos. Os MOOs já foram utilizados para construir zoológicos virtuais, laboratórios de ciência e *playgrounds*. O Departamento de Inglês da University of Florida encoraja os alunos a conduzir suas discussões de aula na MOOville, um MOO que faz parte de seu Ambiente de Escrita em Rede (http://www.ufl.edu/). Outro exemplo é o MUSENET (http:// www.muse-net.org), uma rede de educação científica baseada no uso de MOOs e ambientes virtuais. O Internet Special Projects Group é um site dedicado ao uso educacional de MUDs e MOOs (http://farrer.csu.edu.au/moo/jv/).

Videoconferência

As formas mais avançadas de conferência em tempo real são os sistemas de videoconferência. Trata-se basicamente de um sistema de *chat* que utiliza imagens de vídeo em vez de mensagens de texto. As imagens de vídeo (incluindo áudio) são captadas por uma pequena câmera digital, conectada ao PC, de custo relativamente baixo [as mais simples podem ser adquiridas a partir de R$ 30,00]. Utilizando o software que acompanha a câmera ou é obtido separadamente, é possível conectar-se a um servidor que rode um programa de videoconferência – ou pode-se fazer uma conexão direta com outra pessoa, utilizando-se o endereço de IP, para uma sessão de vídeo entre duas pessoas (conhecida como conexão ponto a ponto).

O software de videoconferência em um servidor permite a conexão de muitas pessoas e a transferência de imagens de vídeo via internet. A quantidade de pessoas que podem conectar-se ao mesmo tempo depende de muitos fatores – o principal é a largura de banda (capacidade de transmissão) das conexões envolvidas. Pessoas que estejam conectadas a uma rede via modem ou por linha discada terão tempos de transmissão mais lentos, enquanto aquelas que possuem conexões dedicadas via T1 ou LANs terão as conexões mais rápidas. Portanto, uma videoconferência envolvendo participantes que utilizam conexão discada e modem será bem limitada na quantidade de imagens de vídeo que possam ser exibidas simultaneamente; já um grupo de pessoas que esteja usando banda larga terá um desempenho muito melhor. Além da largura de banda, o hardware específico (PC e tipo de câmera) utilizado também fará diferença.

Máquinas com processadores de alta velocidade e muita memória RAM processarão as imagens muito mais rápido que PCs mais lentos e com menos memória. Algumas câmeras vêm com placas de vídeo que aceleram extraordinariamente o processamento dos dados.

Há muitos programas de videoconferência disponíveis, e o CU-SeeMe é um dos mais antigos e mais usados (consulte o site: http://www.wpine.com/help/) e, com ele, 12 pessoas podem participar simultaneamente de uma videoconferência – o que, em termos práticos, é bastante. Em qualquer situação de conferência em tempo real (seja em vídeo ou uma simples sessão de *chat*), é muito difícil haver uma troca de ideias significativa com mais de cinco ou seis pessoas, mesmo com um moderador experiente. Isso significa que a classe precisa ser dividida em pequenos grupos de discussão – a não ser que a conferência deva ser usada basicamente como uma transmissão via rádio ou televisão, com um expositor de cada vez. Nessa abordagem, todos os outros participantes ficam no modo "mute" ("mudo") (recebem informações, mas não as transmitem), a não ser quando têm uma pergunta/comentário a fazer e pedem permissão para se pronunciar.

CU-SeeMe (http://www.wpine.com) é um dos primeiros e mais populares programas de videoconferência, desenvolvido originalmente na Cornell University e agora um produto da White Pine Software. No Brasil, utiliza-se vários programas até mesmo o Skype (http://www.skype.com/intl/pt/home/).

Audioconferência

Uma última categoria de sistemas de conferência em tempo real que precisa ser mencionada é a audioconferência – sistema que permite a interação com áudio e imagens ou aplicações gráficas compartilhadas. Os participantes podem ouvir o que os outros dizem e ver as mesmas imagens gráficas ou telas de programa. As imagens gráficas geralmente são slides preparados com um programa de *slideshow* (apresentação de slides), embora possam ser desenhadas em tempo real na tela por qualquer um dos participantes (daí esses sistemas geralmente serem chamados *whiteboard*, ou quadros brancos). Outra possibilidade é um aplicativo que roda no sistema de um dos participantes e pode ser visto por todos, e em muitos casos é controlado por qualquer um que esteja participando da conferência.

Os sistemas de audioconferência são ideais para atividades on-line que envolvem muita informação visual ou gráfica (arte-final, diagramas esquemáticos, fórmulas, linguagens de *script*). São adequados para cursos que envolvem uso de software, pois é possível demonstrar e rodar os programas enquanto as pessoas assistem à aula ou trabalham com eles, uma de cada vez. Exigem muito menos largura de banda e capacidade da máquina que a videoconferência, portanto são mais viáveis para a maioria dos alunos e das escolas.

O MS Windows Meeting Space é um exemplo de sistema de audioconferência muito utilizado. Embora não seja tão poderoso quanto alguns dos sistemas mais especializados, requer apenas uma conexão simples; outros requerem conexões de dados e voz separadas. Ele oferece áudio ou videoconferência (o vídeo é ponto a ponto), aplicativos compartilhados, *whiteboard*, *chat* e transferência de arquivos.

Groupware

Uma categoria relativamente nova de software são os programas de *groupware* elaborados especificamente para facilitar a interação em grupo. Os sistemas MUD/MOO mencionados anteriormente são um caso especial de *groupware* para mundos compartilhados. O Lotus Notes, programa de *groupware* bastante utilizado, é muito popular em várias organizações e universidades. Por exemplo, a Athabasca University, no Canadá, usa o Lotus Notes como base para a interação entre alunos em seu programa de MBA (consulte o site: http://vital.athabascau.ca).

O foco principal da maior parte dos *groupwares* são as tarefas que envolvem resolução de problemas e tomadas de decisão, incluindo atividades como *brainstorming*, enquetes, priorização e negociação. Participantes de uma sessão de *groupware* podem todos residir no mesmo prédio e participar via LAN ou estar em locais remotos, usando uma rede de área estendida (*wide area network* – WAN). Em um ambiente típico de *groupware*, todos os participantes trabalham na mesma tarefa, por exemplo, fazer um orçamento, projetar um novo produto, resolver um problema ou escolher um curso de ação. Uma lista de possibilidades é gerada com base no *input* de cada participante. Geralmente, todos os *inputs* em uma sessão de *groupware* são anônimos, pois assim os participantes não se sentem constrangidos por seu *status* ou afiliação. Uma vez gerada a lista, todos os participantes priorizam os itens, avaliando-os ou classificando-os. A lista priorizada é, então, apresentada a todos e a discussão continua (com o uso de uma ferramenta, síncrona ou assíncrona, de conferência). Esse processo pode ser repetido até que uma decisão final seja tomada (ou até que acabem o tempo e/ou a paciência).

Tela de amostra do programa Simple Groupware, uma versão livre de software do tipo (http://www.simple-groupware.de/cms/).

Muitas variações são possíveis nesse modelo básico de *groupware*. Por exemplo, uma pequena equipe de design com três ou quatro pessoas provavelmente vai querer saber exatamente quem diz o quê – utilizando alguma forma de conferência em tempo real (*chat*, audioconferência ou videoconferência). Ou poderá haver vários níveis de participantes com diferentes graus de interação (por exemplo, contribuidores, editores e usuários). As capacidades do software necessárias/disponíveis vão variar com os ambientes de *groupware*.

Atualmente, o *groupware* é utilizado principalmente em cursos de administração e treinamento de gestores (veja Coleman, 1997; Lipnack e Stamps, 1997; Scharge, 1991). Também pode ser aplicado na educação profissional (por exemplo, nas áreas de direito, saúde e engenharia), que geralmente envolve várias atividades de resolução de problemas e tomadas de decisão. No entanto, à medida que o tempo passa e o *groupware* assume uma natureza mais geral, é provável que seja utilizado em todas as disciplinas.

Transferência de arquivos

Um aspecto banal, porém essencial, da interação on-line é a transferência de arquivos, ou seja, como enviar um arquivo de uma máquina para outra. Na maioria dos casos, o arquivo a ser transferido é um documento de um processador de texto, mas também pode ser uma planilha, um gráfico, um videoclipe, um *slideshow* ou um programa. Como o e-mail geralmente se limita a mensagens de texto relativamente curtas, sem formatação, enviar algo maior requer uma transferência de arquivo. Esta costuma ser usada por alunos para fazer o *upload* de suas tarefas escolares ou o *download* de materiais do curso.

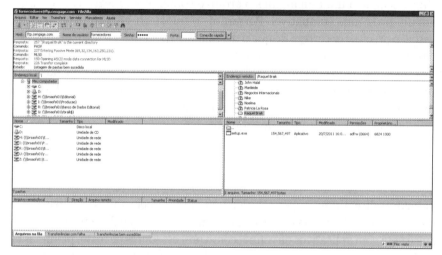

Utilização de um programa de FTP para mover arquivos de um sistema para outro.

Uma das principais ferramentas para transferir arquivos é um programa chamado FTP (*File Transfer Program* ou Programa de Transferência de Arquivo). Para usar um programa de FTP, você deve fornecer o endereço do servidor onde está a máquina para a qual deseja transferir o arquivo e depois digitar o nome de usuário e a senha. Então poderá selecionar o diretório e a pasta para onde será feito o *upload*, ou de onde será feito o *download*. Para utilizar o FTP, é preciso ter acesso a uma conta no sistema em rede, a não ser que haja uma conta "pública" chamada FTP anônimo, que não pede senha e é usada apenas para transferência de arquivos. Em todos os casos, é preciso conhecer o endereço do servidor (por exemplo, public.wadsworth.com) para fazer a conexão.

Embora o uso de um programa de FTP seja uma solução geral para transferência de arquivos, documentos simples (como arquivos de texto) podem ser enviados diretamente por sistemas de e-mail. Quase todos eles permitem ane-

40 | Educação on-line

xar arquivos a mensagens de e-mail, portanto não é necessário usar um programa de FTP.[1] O recurso do anexo permite que os alunos entreguem ao professor ou tutor relatórios e outras atividades mais longas como mensagens de e-mail. Do mesmo modo, o professor pode enviar materiais do curso para os alunos como anexos de e-mail.

Uma das complicações técnicas da transferência de arquivos é a diferença nos formatos de arquivos. Tudo que não seja um simples arquivo de texto tem um formato específico que somente certos aplicativos podem ler. Por exemplo, um documento produzido com o MS Word será salvo em um formato que somente programas de processamento de texto compatíveis com o MS Word poderão abrir. Você será capaz de transferir o arquivo usando o FTP ou caso ele esteja anexado a um e-mail, mas o arquivo somente será legível se for aberto com um programa compatível. Portanto, ao transferir um arquivo para outra pessoa, é preciso ter certeza de que o destinatário poderá ler o formato utilizado. A maneira mais segura de garantir a compatibilidade é utilizar um aplicativo que esteja instalado em ambos os sistemas operacionais. Esta é uma das razões por que os desenvolvedores de cursos costumam especificar que todos os alunos devem ter os mesmos softwares em suas máquinas – para assegurar a compatibilidade na transferência de arquivos.

Aplicativos

Até agora, discutimos a questão dos softwares preocupados exclusivamente com redes. No entanto, boa parte (senão a maioria) do trabalho em educação on-line é feita com aplicativos de rotina, como processadores de texto, planilhas eletrônicas, editores de gráficos e softwares de apresentação, que são usados para criar material instrucional ou tarefas para o curso. Muitos cursos utilizam programas mais especializados, como ferramentas de matemática (por exemplo, Mathematica, Maple e Matlab) ou de estatística (por exemplo, SPSS, Statpak e MiniTab). De fato, quase todas as disciplinas possuem uma variedade de programas projetados para certas atividades de ensino/aprendizagem. Alguns desses programas foram desenvolvidos pessoalmente pelos professores para uso em seus próprios cursos.

A principal consideração a ser feita na utilização de aplicativos é como e quando os alunos aprenderão a usar o software em questão. A maioria dos professores reluta em "desperdiçar" o tempo precioso da aula para ensinar a utilizar o programa, não importando quanto isso seja vital para que o aluno seja

---

[1] É bom lembrar que alguns e-mails coorporativos têm bloqueio para envio de arquivos, além de existir limite de tamanho de arquivo para alguns provedores gratuitos. (NRT)

bem-sucedido e consiga concluir o curso, especialmente quando os programas são aplicativos-padrão, como o processador de texto ou as planilhas eletrônicas. Professores e escolas desenvolveram várias estratégias para lidar com esse dilema. Um deles é exigir a conclusão de um curso como pré-requisito para aprender a trabalhar com os softwares pertinentes antes de se inscreverem nas aulas que envolvem seu uso. Muitas faculdades oferecem um curso de informática que abrange o uso de aplicativos básicos. Em outros casos, são oferecidos cursos de informática como um estudo independente a ser feito pelos alunos em seu próprio horário. Também existe a possibilidade de o treinamento necessário ser proporcionado por meio de aulas suplementares opcionais oferecidas no início do curso.

A questão relativa ao conhecimento que os alunos têm dos aplicativos é muito significativa, pois em muitos casos o sucesso em um curso é diretamente afetado pela sua competência em informática. Além disso, envolve uma questão social. Alunos com acesso a computadores e softwares em casa terão mais facilidade de desenvolver essa competência que aqueles que têm apenas acesso limitado a esses recursos na escola. Assim, alunos de lares financeiramente desfavorecidos, que não podem comprar um computador, softwares e pagar para ter conexão com a internet, continuam em desvantagem, talvez considerável. Por essa razão, várias iniciativas do governo e da iniciativa privada têm sido dirigidas a dar suporte em informática a alunos carentes.

Simulações

Um dos princípios do processo de ensino e aprendizagem é que o desempenho é aprimorado com a prática ("a prática faz a perfeição"). Em muitos casos, porém, particularmente em ambientes escolares, os alunos raramente têm oportunidades suficientes para praticar as habilidades ou o conhecimento que adquirem. É muito difícil projetar atividades práticas significativas, no entanto, as simulações em computador podem mudar consideravelmente essa situação.

Beverly Hunter: computadores como ferramentas

Há mais de três décadas que Beverly Hunter trabalha com computadores na educação e, durante esse período, sempre defendeu a ideia de que os computadores são ferramentas que devem aprimorar a aprendizagem e o ensino. Em 1983, publicou *My students use computers*, que descrevia essa perspectiva em detalhes. Ela já trabalhou em vários centros educacionais e de P&D, incluindo HumRRO, TERC e BBN, além de ter atuado como gestora de programas na The National Science Foundation – NSF.

Na última década, a maior parte de sua atenção foi dedicada às redes escolares (como a Information Age Education (http://iae-pedia.org/Beverly_Hunter).

Há muitos tipos diferentes de simulação, mas todos têm a mesma estrutura fundamental. As simulações baseiam-se em um modelo de um sistema específico – mecânico, eletrônico, químico, industrial, biológico ou social. É apresentado ao aluno um estado de sistema que oferece várias escolhas, e a escolha feita determina a próxima etapa do sistema. Em um laboratório científico, as simulações permitem aos alunos executar experimentos ou observar processos perigosos, caros ou muito demorados em termos reais. Estudantes de medicina podem praticar procedimentos cirúrgicos ou diagnósticos em pacientes simulados. Alunos de escolas de administração podem praticar suas habilidades em marketing e finanças com simulações de atuação em empresas ou indústrias. No local de trabalho, as simulações permitem que as pessoas pratiquem a operação ou a manutenção de equipamentos, que variam de sistemas de telefonia a aeronaves. Ainda mais interessantes são as simulações do comportamento humano que permitem aos empregados melhorar sua capacidade de gerenciamento, as vendas, sua capacidade de liderança ou o atendimento ao cliente.

As simulações não só proporcionam oportunidades reais de aprendizagem, como também podem ser divertidas – quando apresentadas na forma de jogos de simulação. Tornar a aprendizagem mais agradável é uma das principais preocupações quando os aprendizes são crianças e/ou o ambiente familiar está envolvido (daí o surgimento dos MUDs). Um bom exemplo são os jogos de simulação desenvolvidos pela Electronic Arts (SimCity, The Sims e outros), que começaram como entretenimento, mas acabaram sendo muito utilizados para fins educacionais (veja o site: http://thesims.ea.com/).

O projeto ICONS da University of Maryland (http://www.icons.umd.edu/) é um exemplo de simulação aplicado ao domínio das comunicações internacionais.

As simulações geralmente envolvem muitos componentes gráficos e multimídia, que são usados para retratar eventos ou elementos do sistema simulado. Por exemplo, simulações de equipamento retratarão painéis de controle ou computadores que podem ser operados tocando-se na tela ou utilizando-se o mouse. Simulações médicas ou biológicas requerem gráficos ou animações que retratem processos fisiológicos (por exemplo, veja a dissecação on-line de uma rã em http://froggy.lbl.gov/virtual/). Uma simulação de vendas/gerenciamento poderá usar imagens ou videoclipes para mostrar pessoas em contextos de trabalho (por exemplo, em http://www.bts.com/). Em virtude do uso intensivo de mídia, as simulações tendem a ser caras e a consumir muito tempo em termos de desenvolvimento, uma das razões por que sua disponibilidade e uso são limitados. Além disso, geralmente as simulações são muito interativas e exigem vários recursos – sistemas com processadores rápidos, ampla memória e largura de banda suficiente na rede.

Para mais detalhes sobre simulação com fins educacionais, consulte Gibbons e Fairweather (1998), Schank (1997) ou Towne (1995).

Desenvolvimento e gerenciamento de currículo

Discutimos até agora os aplicativos on-line de uso diretamente educacional. Uma grande quantidade de programas também está disponível para o desenvolvimento e o gerenciamento da educação on-line.

Ambientes para cursos, como o Blackboard (http://www.blackboard.com), oferecem uma variedade de funções para gerenciamento de cursos.

Há muitas ferramentas disponíveis para a criação de páginas Web e sites (por exemplo, FrontPage e Dreamweaver). Essas ferramentas facilitam a junção de diferentes tipos de informação em uma página Web e sua expressão no formato HTML (a linguagem de formatação usada pela Web). A criação de multimídia envolve a utilização de programas especializados para edição de gráficos, vídeo ou áudio. Um programa como o Adobe Flash pode ser usado para produzir uma sequência de animações para um tutorial ou uma simulação. No entanto, uma grande parte dos materiais de currículo (resumo de cursos, ementas, guias de estudo, anotações de palestras) é criada com programas convencionais como processadores de texto ou programas de *slideshow*.

Também há ferramentas que integram muitos desses aplicativos discutidos neste capítulo (e-mail, fóruns de discussão, conferência em tempo real) em um só pacote. O uso desses sistemas facilita o trabalho de estudantes, professores e desenvolvedores de cursos, pois todos os aplicativos funcionam a partir de uma interface comum. Entre os que são utilizados estão o Topclass, BlackBoard, FirstClass, Moodle e Learning Space. Tais sistemas geralmente oferecem funções de armazenamento de notas, facilitando o acompanhamento dos alunos por parte dos professores.

Comparações e discussões sobre sistemas de aprendizagem baseados na Web são apresentadas em http://edtechroundup.wikispaces.com/VLE+comparison e em http://devserv.dres.uiuc.edu/ita/hadi/citaweb/presentations/2011-03-17-csun/.

Por fim, algumas instituições e organizações desenvolveram suas próprias ferramentas de desenvolvimento de cursos ou de apresentação voltadas para certas questões educacionais ou administrativas. Por exemplo, a University of Arizona desenvolveu o POLIS (do inglês Protocols for Online Learning and Instructional System, ou Protocolos para Aprendizagem On-line e Sistema Instrucional), uma ferramenta de criação para a Web que oferece modelos para diferentes tipos de atividades de aprendizagem (por exemplo, construção colaborativa de textos, argumentação ou debate). Uma ferramenta como o POLIS oferece ao corpo docente ideias adicionais de projetos de cursos (Jackson, 1997).

Conclusão

Após a leitura deste capítulo, deve estar claro que diferentes formas de educação on-line podem ser usadas, individualmente ou em combinação, com aplicativos específicos de ensino/aprendizagem. Cada uma delas tem seus méritos relativos. Por exemplo, linhas de discussão (ou grupos ou fóruns de discussão) possibilitam o pensamento reflexivo e considerações sobre um tópico,

Elementos da educação on-line | 45

enquanto as conferências em tempo real são espontâneas e cheias de entusiasmo. Simulações oferecem um ambiente de aprendizagem estruturado, ao passo que os MUDs/MOOs não são estruturados. O e-mail é um bom método para atividades escolares que envolvem respostas curtas, no entanto, para documentos longos ou arquivos que não sejam de texto, é necessário fazer *upload* destes. Para mais informações sobre como esses aplicativos são usados em diferentes cenários educacionais, consulte Kaye (1992), Eastmond (1995) ou Waggonner (1992).

No próximo capítulo, examinaremos as questões associadas ao uso de vários tipos de aplicativos on-line no processo de ensino e aprendizagem. Entretanto, primeiro, discutiremos a base de pesquisa para a educação on-line.

Ideias principais

- O e-mail é o elemento mais básico da educação on-line e proporciona interação entre alunos, professores e funcionários.
- Os fóruns de discussão possibilitam a interação assíncrona em grupo.
- A conferência em tempo real permite a interação assíncrona em grupo via sessões de *chat*, MUDs/MOOs, videoconferência ou audioconferência.
- O *groupware* facilita a interação on-line em grupo, especialmente o compartilhamento de ideias.
- A transferência de arquivo permite o *upload* e o *download* de documentos.
- Os softwares aplicativos oferecem ferramentas para cursos gerais e especializados.
- As simulações permitem a prática virtual de habilidades.
- As ferramentas de desenvolvimento de currículo facilitam a criação e o gerenciamento de cursos on-line.
- Um curso/programa on-line envolve uma combinação de todos os elementos listados anteriormente.

Questões para reflexão

1. Uma questão que sempre preocupa as pessoas é a privacidade na interação on-line. Em que circunstâncias você esperaria que suas observações, feitas em um ambiente virtual, fossem reservadas? Quando poderiam ser públicas? Todos pensam a mesma coisa a esse respeito?
2. Como você compara a interação on-line entre indivíduos e a interação pessoal? E se forem adicionadas capacidades de áudio ou videoconferência? Quais os aspectos da interação pessoal que não podem ser duplicados na interação on-line (se houver algum)?
3. A interação on-line às vezes é considerada mais socialmente "neutra" porque pode ocultar características físicas (por exemplo, etnia, gênero, idade, deficiências). Você concorda com essa afirmação? Isso é bom?

4. Uma das questões associadas à simulação na área educacional é até que ponto ela precisa assemelhar-se ao sistema real simulado para ser completamente eficaz. Qual é sua opinião sobre esse assunto?
5. Alguns professores e membros do corpo docente se opõem ao uso de aplicativos e softwares em sala de aula porque acreditam que eles desviam a atenção dos alunos em relação à matéria. O que você pensa sobre essa questão?

4

Pesquisa sobre educação on-line

Após concluir a leitura deste capítulo, você entenderá:

- os diferentes tipos de pesquisa sobre educação on-line já conduzidos;
- os resultados típicos de avaliação para cursos on-line;
- o impacto da educação on-line em sistemas escolares.

No começo, a aprendizagem humana era limitada ao que podia ser acumulado no cérebro de um único ser humano em uma vida. A invenção da linguagem falada, depois a linguagem escrita, a impressão e, mais tarde, a comunicação eletrônica, expandiram a capacidade humana de acumular e compartilhar conhecimento entre pessoas e ao longo das gerações. Mas todas essas inovações simplesmente expandiram a armazenagem de informação fora da cabeça humana; os processos básicos de pensamento, decisão e aprendizagem ainda estavam confinados dentro da caixa craniana. Agora, a tecnologia está estendendo o processo de aprendizagem para fora do cérebro humano, até o ambiente. A tecnologia do futuro rapidamente transforma o papel da aprendizagem não só no labor humano, mas em toda a economia. (Perelman, 1992, p. 51)

Neste capítulo, investigaremos a base da pesquisa para a educação on-line em estudos de eficácia, resultados e processos. Entretanto, essa pesquisa vai além da aprendizagem individual, pois a educação on-line é um elemento de ampla transformação social e econômica gerada pela tecnologia. Precisamos entender não só como o uso das redes de computador afeta a maneira como aprendemos, mas também como interagimos com elas no trabalho e em casa. A tecnologia está em toda parte, assim como vem apresentando seus efeitos na área educacional.

Impacto no aproveitamento do aluno

O ponto de partida para a maior parte dos estudos sobre tecnologia educacional é uma análise do aproveitamento do aluno em relação às aulas tradicionais. Na maioria dos casos, um curso que antes era ministrado em uma sala de aula agora é oferecido na forma on-line, ou talvez ambas as versões sejam oferecidas simultaneamente. Se o conteúdo, o professor e os alunos forem os mesmos, teoricamente quaisquer diferenças deveriam ser atribuídas à forma diferente

48 | Educação on-line

como as aulas se dão. Infelizmente essa simples comparação não é tão fácil, porque provavelmente o curso ministrado on-line será diferente do curso oferecido em sala de aula (assunto que discutiremos com mais detalhes no Capítulo 6). No entanto, em termos práticos, é útil saber o impacto que a versão on-line terá no aproveitamento do aluno, em comparação com o curso convencional.

Um dos estudos mais abrangentes sobre cursos on-line foi conduzido por Starr Roxanne Hiltz e colaboradores, no Instituto de Tecnologia de Nova Jersey, com o sistema EIES ali desenvolvido (Hiltz, 1994). Esses estudos envolveram cursos de graduação em sociologia, redação em língua inglesa, administração, ciências da computação e estatística. As medidas de avaliação incluíram questionários sobre o curso preenchidos pelos alunos antes e depois dos exames, comparação de pontuações em exames ou notas no curso, observação direta das atividades on-line, entrevistas com os alunos e relatórios do corpo docente.

Hiltz constatou os seguintes fatos:

- O domínio do material do curso era igual ou superior ao das aulas convencionais.
- Os alunos relataram melhora no acesso aos professores e às experiências educacionais.
- A participação dos alunos nos cursos aumentou.
- Os alunos relataram que estavam mais satisfeitos com os cursos.
- A capacidade dos alunos de sintetizar informação e lidar com questões/ideias complexas foi melhorada.
- O nível de interesse nas disciplinas do curso foi maior.

Embora essas constatações fossem verdadeiras para a maior parte dos cursos, não se pode dizer que o foram para todos os cursos, dependendo do professor e dos alunos. Hiltz concluiu que:

> Os resultados foram superiores na sala de aula virtual para alunos motivados e bem preparados, que possuíam acesso adequado ao equipamento necessário e que aproveitam as oportunidades proporcionadas pela maior interação com o professor e com os outros estudantes, e pela participação ativa no curso (...) Se a sala de aula virtual foi ou não "melhor" também dependeu, e muito, de até que ponto o professor foi capaz de construir e manter um grupo de aprendizagem cooperativo e colaborativo. São necessárias novas aptidões para ensinar dessa maneira nova. (p. 196)

Em outras palavras, a aprendizagem on-line poderá funcionar melhor para alguns alunos e professores em razão de suas habilidades de aprendizagem e de ensino.

O U.S. Department of Education (http://www.ed.gov) é uma importante fonte de informação sobre pesquisa em educação on-line. Para o Brasil, veja o site do Ministério da Educação (http://www.mec.gov.br/).

Avaliação de cursos baseados na Web

Com a proliferação de cursos baseados na Web em todos os níveis educacionais, foram conduzidos muitos estudos de avaliação nessa modalidade de ensino. Essas avaliações tendem a focalizar diferentes fatores, dependendo dos interesses do professor ou dos desenvolvedores do curso. Seguem alguns exemplos em nível superior.

Dominando a Fronteira Eletrônica (veja o site: http://www.virtualschool.edu/) foi um curso introdutório em telecomunicações desenvolvido por Brad Cox na George Mason University. Em alguns anos, o curso evoluiu, de um curso tradicional ministrado no campus para uma versão plenamente on-line, como uma exploração no desenvolvimento de uma comunidade de aprendizagem distribuída (Cox, 1996). O curso incorporou vários métodos diferentes de avaliação, incluindo tarefas escolares semanais, exames, avaliação por pares e uma avaliação final. No sistema de notas, os alunos podiam reenviar seu trabalho antes do prazo de entrega até obterem uma pontuação "perfeita". Conforme relato dos alunos, o curso foi um desafio altamente motivador.

Como parte do projeto BIO (Biology Instructional Outreach ou Extensão Instrucional em Biologia), da Iowa State University (http://project.bio.iastate.edu), Ingebritsen e Flickinger (1998) fizeram uma profunda avaliação de um dos cursos, Zoologia 155. Uma comparação entre um segmento on-line do curso e um segmento tradicionalmente ministrado no campus indicou que as taxas de retenção e as notas finais eram semelhantes, assim como a atitude dos alunos em relação à ciência. Os estudantes do segmento on-line, porém, percorreram todo o material das aulas, enquanto os alunos do campus perderam de 18% a 24% das aulas. Outro estudo analisou as relações entre o aproveitamento dos alunos e os estilos/estratégias de aprendizagem nos cursos on-line. Constatou-se que nem os estilos nem as estratégias de aprendizagem afetavam o aproveitamento, ou seja, não havia correlação positiva entre o uso de estilos ou estratégias de aprendizagem e o aproveitamento.

Outra fonte útil de pesquisa sobre projetos baseados em tecnologia são os laboratórios educacionais regionais (veja o site: http://www.educationnorthwest.org).

Na University of Oregon, os cursos de física e de astronomia têm sido oferecidos na forma on-line há vários anos (veja o site http://zebu.oregon.edu). Bothun e Kevan (1996) relataram alguns resultados dos cursos iniciais: melhora na atenção e no engajamento dos alunos, notas mais altas no exame e aulas e cursos mais bem organizados. Também relataram que alguns alunos se sentiram alienados pelos cursos on-line em decorrência da falta de contato pessoal com os professores e com outros alunos. Um importante resultado foi que o comparecimento a aulas opcionais no campus aumentou nos cursos introdutórios, mas diminuiu nos cursos avançados. Isso sugere que talvez os alunos precisem menos de contato pessoal à medida que se tornam mais familiarizados com a disciplina e/ou desenvolvem as próprias aptidões para estudar sozinhos.

O sistema de bibliotecas da University of Utah desenvolveu um curso on-line chamado Internet Navigator com o objetivo de desenvolver habilidades básicas para a internet em graduandos. Esse curso valia créditos e foi oferecido na maioria dos campus, tendo bibliotecários como tutores locais. Um estudo de avaliação feito por Lombardo (1996) indicou que os alunos ficaram muito satisfeitos com o curso (dando-lhe uma avaliação média de 4,11, em um máximo de 5), e quase metade dos estudantes (49%) relatou que preferia fazer um curso on-line a uma versão no campus. Houve, no entanto, um sério problema na conclusão do curso: somente metade dos alunos foi até o fim dele (171 de 343). Altas taxas de abandono já foram mencionadas como um problema da educação on-line em vários estudos.

Na University of Illinois, o Centro Sloan para Ambientes de Aprendizagem Assíncrona (Sloan Center for Asynchronous Learning Environments – SCALE) vem implementando vários cursos baseados na Web, usando diferentes ferramentas de criação e de apresentação (veja o site: http://illinois.edu/. Os resultados preliminares indicam que alunos de cursos baseados na Web apresentam maior retenção, estão menos propensos a abandonar o curso e se comunicam mais com o corpo docente e com os outros estudantes. Os alunos avaliaram sua aprendizagem on-line de modo muito favorável, e o corpo docente ficou muito satisfeito com os resultados dos cursos baseados na Web.

Resumindo, estudos de avaliação de cursos como estes costumam constatar que os alunos no mínimo se saem tão bem em cursos on-line quanto nas salas de aula tradicionais. Em cursos on-line os estudantes demonstram níveis mais altos de envolvimento, provavelmente pela maior interação com seus professores e colegas via e-mail e conferência. Alguns alunos preferem aulas tradicionais, e essa preferência pode resultar em um desempenho mais fraco se tiverem de fazer um curso on-line. Parece, no entanto, que a maioria dos alunos gosta dos cursos on-line.

Impacto em nível escolar

Embora o aproveitamento do aluno e a interação na sala de aula sejam fatores importantes de análise, também é preciso avaliar os efeitos da educação on-line em nível de sistema educacional. Como a educação on-line é uma grande inovação que envolve mudanças substanciais nos métodos de ensino e no modo como se dá a aprendizagem, seu impacto em um sistema escolar ou em uma instituição também deve ser examinado.

O projeto Co-Nect é um esforço de longo prazo para implementar tecnologia em sistemas escolares de todo o país (veja o site: http://www2.ed.gov/pubs/PrisonersOfTime/PoTSchool/chap2-1.html). Alguns dos resultados do projeto incluem:

- Uma escola Co-Nect em Worcester, Massachusetts, tem apresentado melhoras em todas as disciplinas (quarta e oitava séries) nos testes de avalia-

ção estaduais (Michigan Educational Assessment Program – Meap). Entre 1994 e 1999 houve um aumento do desempenho de 23%.
- Quatro escolas Co-Nect de ensino médio em Dade County, Flórida, mostraram melhora significativa nas avaliações estaduais de redação em seu primeiro ano.
- Em uma escola de ensino fundamental em Memphis, Tennessee, as notas da avaliação estadual de redação para a quarta série aumentaram de 11% de proficiência, em 1994, para 39% de proficiência em 1995.

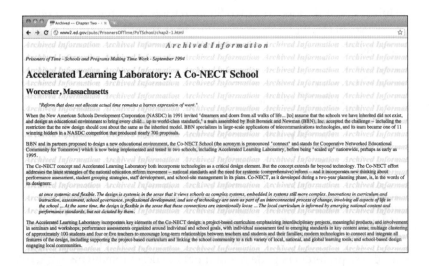

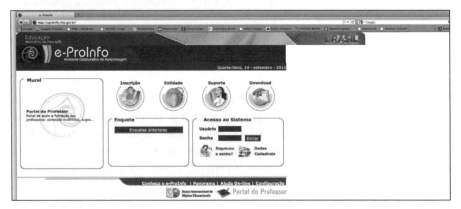

O projeto Co-Nect (http://www2.ed.gov/pubs/PrisonersOfTime/PoTSchool/chap2-1.html) concentra-se no impacto da tecnologia na reforma educacional. Veja também os endereços: http://www.eduforum.pt/outros-sites/sitesedudiv e http://eproinfo.mec.gov.br/.

- Muitas escolas Co-Nect em áreas urbanas relatam diminuição nos problemas de ordem comportamental e disciplinar entre os alunos.
- Conforme professores de escolas Co-Nect, os alunos estão assumindo maior responsabilidade em relação às tarefas escolares.
- Pais de alunos de escolas Co-Nect estão mais envolvidos nas atividades escolares e dão mais apoio aos esforços de aprendizagem do professor/aluno.

Muitos dos esforços para implementar tecnologia em escolas (como o projeto Co-Nect) fazem parte de iniciativas de reforma educacional ou reestruturação da escola. Como a tecnologia representa somente uma entre muitas inovações que estão sendo experimentadas, é difícil atribuir as mudanças resultantes unicamente aos aspectos tecnológicos. Alguns sistemas escolares, porém, têm feito da tecnologia o elemento principal de seus esforços de reforma/reestruturação, e isso facilita o foco no impacto específico da aprendizagem on-line.

Muitas fundações privadas, como a Benton Foundation, desenvolvem projetos de pesquisa relacionados à educação e às telecomunicações. Como exemplo brasileiro temos o Instituto Ayrton Senna: http://senna.globo.com/institutoayrtonsenna.

Um bom exemplo é o projeto de Reforma Tecnológica e Educacional, conduzido pelo Standford Research Institute (SRI) para a Agência de Tecnologia do U.S. Department of Education (Means et al., 1995). Esse estudo examinou em detalhes o impacto da tecnologia (especialmente, mas não exclusivamente, a aprendizagem on-line) em nove escolas dos Estados Unidos. As escolas participantes variaram bastante, desde escolas rurais e escolas localizadas no centro de cidades grandes, com alta proporção de alunos "problema", até escolas "modelo", com alunos altamente selecionados.

Os resultados foram tão variados quanto os tipos de escola e alunos envolvidos. Em alguns casos, observaram-se melhoras em pontuações de testes padronizados, embora professores e coordenadores de curso tendessem a não enfatizar esse resultado porque julgavam que esses testes não refletiam com precisão as mudanças geradas pela tecnologia. Em vez disso, relataram que a tecnologia aumentou a atenção e as habilidades dos alunos, fez que aprendessem a avaliar as próprias capacidades e as dos outros, melhorou a autoestima e a motivação, além de ter aumentado sua criatividade. Em uma das escolas, um levantamento indicou que a maioria dos alunos achava que tinha melhorado sua capacidade de resolver problemas, suas aptidões de redação e leitura, bem como a capacidade de trabalhar em grupo.

Muitos trabalhos sobre o impacto da tecnologia em nível escolar concentraram-se nas mudanças que ocorrem nas culturas escolares. Por exemplo, Sherry (1997) faz um relato sobre o projeto Boulder Valley Internet e as mudanças que ocorreram em um período de cinco anos. Inovação e conhecimentos sobre tecnologia foram difundidos no sistema escolar por professores que treinavam outros professores, tanto formal como informalmente. O uso de tecnologia por parte dos estudantes moldou as atividades de ensino. Moreinis (1996), por exemplo, descreveu os resultados do projeto Living Schoolbook, que envolveu a introdução de redes de computadores em duas escolas da cidade de Nova York. A considerável reestruturação de instalações e horários de aula necessária para acomodar a tecnologia causou bastante tumulto, e foi preciso persistência por parte de professores e alunos para gerar mudanças que, finalmente, resultassem no uso bem-sucedido do computador.

Em resumo, não há dúvida de que a aprendizagem on-line pode causar um impacto significativo em nível escolar. A natureza de seu impacto, porém, dependerá das circunstâncias particulares das escolas envolvidas, incluindo demografia dos alunos, políticas locais/regionais e metas/prioridades da comunidade educacional. Além disso, a educação on-line necessitará de transformações significativas nas culturas escolares. Trataremos dessas considerações mais detalhadamente nos últimos capítulos deste livro.

A natureza da interação em sala de aula

Uma das questões interessantes sobre classes on-line é como o uso do computador transforma a interação aluno-professor. É claro que a resposta a essa questão depende da exata natureza da classe – quais as capacidades on-line utilizadas –, bem como do papel do professor. Outros fatores que podem afetar a natureza da interação são a área da disciplina ou matéria, o nível da aprendizagem e a formação do aluno.

A National Science Foundation (http://www.nsf.gov) é uma importante fonte de financiamento para projetos de pesquisa que envolvem tecnologia no ensino de ciências e matemática. Para o Brasil, veja o site do Ministério da Ciência, Tecnologia e Inovação (http://www.mct.gov.br/).

Um curso on-line pode mudar o contexto social de uma classe, incluindo o nível de controle apresentado por alunos e professores. Ruberg, Taylor e Moore (1996) conduziram um estudo em que examinaram uma atividade de revisão colaborativa entre pares, em cursos on-line, para uma classe de redação para calouros e um laboratório de botânica. Os alunos tinham de ler um artigo on-line, avaliá-lo e depois compartilhar suas opiniões sobre o artigo em uma sessão de conferência síncrona. Os resultados do estudo mostraram que a atividade de revisão entre pares produziu alto nível de participação dos alunos, embora os participantes mais frequentes no ambiente de sala de aula tradicional também tendessem a ser os mais frequentes participantes na classe on-line. Os autores, então, concluem: "A dominância dos alunos na discussão on-line apresentou-se de várias maneiras: (a) em volume total, os alunos superavam o professor, e os comentários dos estudantes dominavam o discurso em quantidade; (b) em algumas interlocuções, os alunos assumiam papéis mais ativos, regulando a discussão e reagindo aos comentários de seus pares mediante concordância, comentários de avaliação, perguntas de acompanhamento e/ou comentários às respostas de seus pares" (p. 86).

Hartman et al. (1995) examinaram os padrões de interação entre estudantes de um curso de redação para calouros na Carnegie Mellon University. Como objetivo do curso, os alunos deveriam ajudar-se para poder escrever melhor. Dois segmentos do curso usaram ferramentas on-line na aula, enquanto outros dois segmentos não o fizeram.

As ferramentas on-line incluíam o Comments, um programa que permite fazer anotações em documentos, e o Talk, um programa de *chat* (bate-papo) que concede a cada participante da conferência uma janela individual para mensagens. Os resultados indicaram que o uso das ferramentas on-line fez aumentar a interação entre aluno e professor, mas não a interação total aluno-aluno em relação às aulas convencionais. Os autores também constataram que os estudantes menos capacitados comunicavam-se mais eletronicamente com os professores e com colegas que os alunos mais capacitados e concluíram: "A disponibilidade de comunicação eletrônica, de certa maneira, permitiu uma distribuição mais equitativa da atenção, especialmente por parte dos professores mais experientes" (p. 71).

A colaboração é um aspecto comum dos cursos on-line, mas é difícil avaliar a aprendizagem do aluno nesse contexto. Os estudantes realizam tarefas ou projetos em pequenos grupos e, geralmente, todos dividem a mesma nota no trabalho. Esse método de atribuição de nota não identifica, porém, as contribuições relativas de cada aluno em relação ao sucesso do projeto. Um método alternativo é pedir aos alunos que documentem sua contribuição no projeto e então, sejam atribuídas notas separadas para cada um deles.

Outra maneira de dar nota aos projetos é fazer os alunos criarem diários ou portfólios de seu trabalho e usarem esse material como base para avaliar cada estudante. Esse problema não é exclusivo da aprendizagem on-line, mas torna-se mais sério em virtude da tendência de colaboração entre os alunos.

A colaboração entre os estudantes será afetada por sua formação e por fatores socioculturais. O projeto COVIS (Visualização Colaborativa) do programa Learning Sciences (Ciências da Aprendizagem) da Northwestern University (http://www.sesp.northwestern.edu/learning-sciences/index.html) é uma tentativa de melhorar o aprendizado da ciência por meio do uso de redes, com atenção especial ao desenvolvimento de ferramentas para visualização científica e aprendizagem distribuída. Os primeiros resultados desse projeto indicam diferenças significativas entre escolas urbanas e suburbanas no uso da rede de computadores: escolas urbanas valorizam o acesso à informação, enquanto as escolas suburbanas estão interessadas principalmente em melhorar a aprendizagem (Edelson, Pea e Gomez, 1996). Além disso, alunos de ambiente socioeconômico mais baixo apresentam menos capacidade de aproveitamento dos projetos de pesquisa sem limites de tempo e precisam de mais atividades estruturadas. No entanto, o envolvimento em projetos on-line promove o engajamento de todos os alunos.

Conferências virtuais

Uma conferência virtual representa uma interação on-line em escala maior. Conferências são o principal meio de educação contínua entre profissionais e constituem uma oportunidade para conhecer novas tendências e ideias, aprender novas técnicas e experimentar novos produtos. Também proporcionam a participação em eventos sociais e recreacionais que podem ser desfrutados com colegas e amigos. Comparecer a conferências, no entanto, exige tempo e custa caro, o que impede que muitos possam fazê-lo com a frequência que gostariam.

A conferência virtual pode proporcionar a maioria dos benefícios intelectuais e sociais de um encontro real sem complicações financeiras e de deslocamento. Pode ser oferecida como um suplemento a uma conferência real, ocorrendo antes, durante ou depois desta. Todo o material da conferência, incluindo as apresentações e os artigos, pode ser encontrado, por exemplo, em seu site. Discussões entre os palestrantes e os participantes podem ser conduzidas como discussões on-line ou sessões de *chat*, ou, em particular, via e-mail. Embora a maioria das conferências virtuais seja conduzida de modo assíncrono com o uso de linhas de discussão, é possível oferecê-las em tempo real em conjunto com a apresentação real. Nesse caso, o apresentador deve ter um computador para responder aos participantes on-line, e a tela precisará ser projetada para que o público presente à conferência possa vê-la. A apresentação pode ser transmitida a participantes remotos via *streaming* de áudio ou vídeo (às vezes chamados "webcasts").

Anderson (1996), por exemplo, descreveu a conferência on-line ICDE 95, que envolveu 550 participantes de 36 países. A conferência foi dividida em seis sessões de uma semana de duração, cada uma delas fazendo uso de uma estrutura diferente: debate, diálogo, *brainstorming*, técnica normal, participação pública e painel de discussão. Toda a discussão ocorreu via e-mail, com o uso de uma Listserv, e uma das sessões também usou um MOO. Foi registrado um total de 250 mensagens, com média de 14,6 mensagens por dia, em um período de três semanas (algumas sessões foram simultâneas). A conferência foi avaliada por meio de um levantamento e por uma análise das transcrições das sessões (veja o site: http://www.ourglocal.com/ieee/?c=4293). Os resultados da avaliação indicaram que os participantes gostaram muito da experiência, avaliando-a como um evento excelente. Os participantes observaram que foi preciso muito esforço para participar e que o resultado foi uma quantidade avassaladora de informação. Anderson, então, concluiu: "A conferência virtual proporciona um meio de eliminar o custo e o tempo improdutivo associados à viagem e ao aluguel de espaço para o encontro e para as acomodações. A conferência virtual, no entanto, não pode criar mais tempo para os profissionais ocupados. Aqueles interessados na aprendizagem contínua devem tornar-se habilidosos gerenciadores de seu precioso e limitado tempo de modo a maximizar a interação social e a aprendizagem" (p. 133).

Conferências virtuais também podem ser eventos que substituem encontros reais. Um método curioso é pré-gravar as apresentações em formato digital de áudio/vídeo e depois editar todas juntas como um congresso. Os apresentadores podem interagir com o público em tempo real ou posteriormente em sessões de discussão assíncronas. É possível mesmo haver sessões de painel ou debates, com cada apresentador respondendo às mesmas perguntas ou questões e depois compilando-as todas juntas. Esse método de conferência virtual tem sido utilizado pelas empresas de computadores para criar encontros de "cúpula" entre os principais especialistas, nos quais se discutem tópicos e questões importantes. É uma excelente maneira de juntar especialistas e executivos sempre muito ocupados, sem a necessidade de afastá-los de seu trabalho ou da família.

Comunidades de aprendizagem

Como já foi mencionado no Capítulo 1, a formação de comunidades de aprendizagem é uma característica da educação on-line – uma extensão das comunidades virtuais que a interação on-line costuma gerar. O tipo de interação entre alunos discutido anteriormente neste capítulo é o fundamento para tais comunidades de aprendizagem, mas é apenas parte delas.

As comunidades de aprendizagem se estendem além dos limites de tempo de determinado curso ou conferência, permitindo aos estudantes interagir por períodos maiores. Programas de formação on-line que se estendem por vários anos representam um bom ambiente para estudar os efeitos de longo prazo da interação entre alunos.

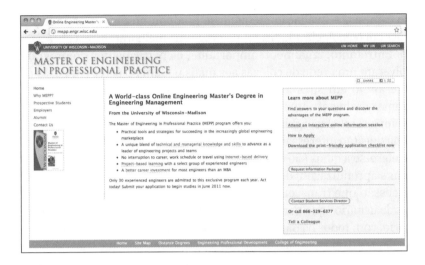

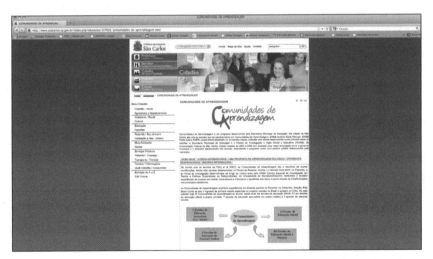

O programa Master of Engineering in Professional Practice (MEPP), oferecido pela Faculdade de Engenharia da University of Wisconsin (http://mepp.engr.wisc.edu/), é um exemplo de comunidade de aprendizagem on-line de longo prazo. São Carlos (SP) é um exemplo de cidade brasileira em que há um programa desenvolvido pela Secretaria Municipal de Educação (http://www.saocarlos.sp.gov.br/ index.php/educacao/157051-comunidades-de-aprendizagem.html).

Kearsley, Lynch e Wizer (1995) relataram alguns dados sobre o programa de mestrado em Liderança em Tecnologia Educacional (Educational Technology Leadership – ETL) da George Washington University (veja o site: http://www.gwu.edu/~etl). Todos os cursos desse programa são on-line; não há aulas no campus. A avaliação de quem se graduou no programa indica que as aptidões em tecnologia adquiridas no programa melhoraram sua eficácia no trabalho. Entretanto, igualmente importante, os participantes do programa desenvolveram uma rede de colegas aos quais podem recorrer em busca de conselho e apoio em suas atividades profissionais. Os que se graduaram no programa geralmente atuam como líderes de sessão (tutores) em cursos de ETL e ajudam a estabelecer relações entre antigos e novos participantes.

Uma questão interessante na criação de comunidades de aprendizagem on-line refere-se a quais são os meios ou recursos que podem ser oferecidos para facilitar a aprendizagem de longo prazo. É claro que a disponibilidade de áreas de discussão que transcendam determinados cursos é essencial – e também contas de usuários que permaneçam válidas indefinidamente. É preciso ter um diretório, com todos os participantes, que possa ser modificado pelos próprios participantes. Uma *newsletter*, ou boletim informativo, que traga as novidades da área, para a qual todos possam facilmente contribuir, poder ser algo valioso.

O desenvolvimento de comunidades de aprendizagem on-line, com seus efeitos sobre os participantes, é um fenômeno novo na área educacional. Historicamente, a educação formal tem se concentrado no nível microscópico de aprendizagem – isto é, em aulas específicas ou eventos de treinamento por um breve período. No entanto, a educação on-line nos permite projetar experiências de aprendizagem que são de natureza macroscópica e que se estendem por muitos anos. Atualmente, há muito o que aprender sobre esse tipo de educação, e ainda precisaremos devotar muita pesquisa a esse assunto.

Para conhecer outros estudos sobre o tema, veja Bonk e King (1999), Garner e Gillingham (1996) ou Palloff e Pratt (1999).

Linda Harasim: estudando os efeitos da interação on-line

Há mais de uma década, a professora Linda Harasim tem sido ativa pesquisadora na área de aplicativos educacionais para redes de computadores. Ela projetou, implementou e avaliou aplicativos de rede no Canadá, nos Estados Unidos e na América Latina. Atualmente, é líder do projeto TeleLearning•Networks de Centros de Excelência cujo foco principal são a elaboração e o desenvolvimento de novas pedagogias e tecnologias de rede para apoiar a aprendizagem colaborativa, a construção de conhecimento e a aprendizagem contínua. Esse projeto emprega mais de 150 pesquisadores das áreas de educação, psicologia cognitiva, ciências sociais, ciências da computação e engenharia de todo o Canadá, que colaboram on-line para tratar de alguns dos maiores desafios que esse país enfrenta para se tornar uma sociedade de aprendizagem, com uma economia baseada no conhecimento.

Sua home page é http://pages.cmns.sfu.ca/linda_harasim/

Conclusão

Neste capítulo, apresentamos algumas das pesquisas associadas à aprendizagem e ao ensino on-line. Esses estudos fizeram vir à tona considerações práticas que discutiremos em capítulos posteriores e também identificaram muitas perguntas e questões que precisam de mais esclarecimentos em pesquisas futuras. Tenha em mente que a adoção da educação on-line em grande escala está apenas começando, e toda a pesquisa necessária nessa área ainda está para ser definida ou conduzida.

É preciso observar que a educação on-line é uma forma de aprendizagem a distância e que há todo um legado de pesquisas (e teorias) sobre essa área que pode ser aproveitado (veja, por exemplo, Minoli, 1996; Moore e Kearsley, 1996; Porter, 1997). Infelizmente, não pudemos, aqui, explorar essas relações.

Ideias principais

- Estudos sobre o aproveitamento dos alunos em cursos on-line sugerem que o aprendizado da maioria dos estudantes é eficaz.
- As avaliações de cursos baseados na Web indicam que são tão eficazes quanto as aulas no campus.
- O impacto em nível escolar da aprendizagem on-line depende das características dos alunos e da natureza das atividades de aprendizagem.
- A interação em uma classe on-line cria um contexto social singular, muito diferente daquele das salas de aula tradicionais.
- Conferências virtuais parecem ser um meio vantajoso de interação profissional.

Questões para reflexão

1. Em sua opinião, participar de um curso on-line resulta em um tipo diferente de aprendizagem, quando comparado às atividades tradicionais em sala de aula?
2. Que papel as diferenças individuais provavelmente desempenham na educação on-line? E as diferenças socioeconômicas ou culturais?
3. Você acredita que a educação on-line funciona igualmente bem para todas as disciplinas?
4. Quais as características de uma escola ou de um sistema escolar que os tornam mais ou menos adequados para a educação on-line?
5. Como a colaboração on-line difere da colaboração pessoal?
6. Quais são os fatores que limitam o sucesso de uma conferência virtual?

5

Aprendizagem on-line

Após a leitura deste capítulo, você entenderá:

- como a aprendizagem on-line pode ser comparada às aulas tradicionais;
- as características de um aprendiz on-line bem-sucedido e de um ambiente de aprendizagem on-line eficaz;
- como a aprendizagem on-line se aplica a quem apresente necessidades especiais.

Não importa quantas vezes você visite a Cúpula Básica, o efeito inicial é simplesmente surpreendente. Leva algum tempo para que o sistema nervoso comece o processamento; primeiro, você tem de se render ao bombardeamento sensorial avassalador que vem de todos os lados. À nossa volta são quarenta consoles para aprendizagem e, sentada diante de cada um deles, há uma criança olhando para um visor. Cada criança tem um teclado, menos complexo que o de uma máquina de escrever convencional, mas com vários *shifts*, de modo que ela possa reproduzir cada símbolo conhecido nas culturas humanas. O visor de aprendizagem da criança, com cerca de três metros quadrados, é refletido a partir da tela de conversão do holograma que se estende ao longo da superfície interna da cúpula. A imagem parece sair da tela em cores e dimensões por vezes surpreendentes. (Leonard, 1968, p. 147)

Aprender em um ambiente on-line é muito diferente de aprender em uma sala de aula tradicional. Por isso, neste capítulo, vamos examinar vários aspectos da aprendizagem virtual: aprendendo a aprender, ambiente social, teoria do engajamento, netiqueta, conhecimentos básicos de informática, necessidades especiais e igualdade de gênero.

Aprendendo a aprender

O que a aprendizagem on-line tem de mais diferente é que, em geral, ela proporciona muita autonomia a quem aprende – a escolha de quando, onde e como aprender. Descrevemos essa autonomia anteriormente neste livro como parte de uma abordagem centrada no aluno. Os aprendizes têm bastante liberdade para ir em busca dos próprios interesses e métodos de aprendizagem.

Porém, essa autonomia traz consigo a responsabilidade. Os aprendizes devem ter iniciativa e autodisciplina para estudar e fazer as atividades propostas. Alunos sem essas aptidões provavelmente não se adaptarão bem às aulas on-line. Historicamente, a aprendizagem on-line tem se limitado a alunos de pós-graduação e a treinamentos para profissionais, casos em que as pessoas possuem boas aptidões para a aprendizagem. No entanto, à medida que a aprendizagem on-line se espalha por toda a área educacional e de treinamento profissional, essas aptidões estão ficando cada vez menos disseminadas. Consequentemente, os cursos on-line costumam apresentar altas taxas de desistência.

Muita coisa pode ser feita para lidar com essa questão. A primeira é tentar ensinar o aluno a aprender. Muitas das habilidades básicas de estudo podem ser ensinadas, incluindo o gerenciamento do tempo, o estabelecimento de metas e a autoavaliação. Quase todas as técnicas desenvolvidas para o estudo tradicional aplicam-se igualmente bem à aprendizagem on-line. Outras habilidades também são necessárias para que se possa ser um bom aprendiz on-line, entre elas saber usar adequadamente o software utilizado em determinado curso, saber conduzir buscas on-line e usar recursos de comunicação como o e-mail e os fóruns de discussão (por exemplo, veja Campbell e Campbell, 1995; Reddick e King, 1996). Alguns cursos on-line são dirigidos a esse tipo de habilidades, mas em muitos casos espera-se que os alunos as adquiram por si próprios – o que é um problema se suas habilidades básicas forem limitadas.

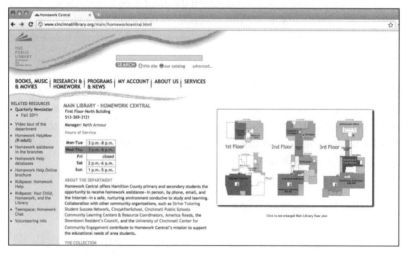

Homework Central (http://www.cincinnatilibrary.org/main/homeworkcentral.html) é um dos muitos bancos de dados elaborados para ajudar os alunos na pesquisa de temas de trabalhos escolares.

Aprendizagem on-line | 65

A Family Education Network (http://www.familyeducation.com/home/) oferece suporte para a aprendizagem em família – um importante contexto para crianças pequenas.

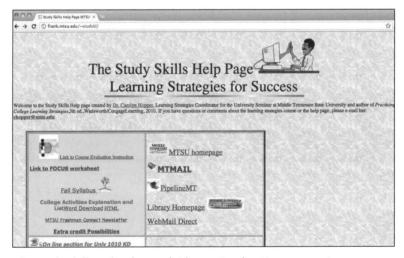

O site The Study Skills Help, desenvolvido por Carolyn Hopper (http://www.mtsu.edu/~studskl), oferece ajuda no aprendizado de técnicas de estudo.

Outra estratégia para lidar com essa questão é tentar aumentar o nível de motivação do aluno. Os estudantes podem ter boas técnicas de estudo, mas não estar motivados a utilizá-las. Geralmente vemos esse tipo de situação no ensino básico, quando os alunos ficam entediados com as atividades habituais em sala de aula. Cursos on-line têm o potencial de apresentar desafios aos estudantes e, assim, aumentar significativamente sua motivação para aprender. O importante é que eles precisam estar engajados (veja a próxima seção).

Redação básica e técnicas de comunicação também são importantes para a aprendizagem on-line, especialmente no contexto da interação em grupo. De fato, esta é uma das maiores dificuldades dos alunos com a aprendizagem on-line. Se eles tiverem dificuldade em expressar suas ideias em palavras, não se sentirão confortáveis ao escrever e responder mensagens de e-mail, participar de discussões ou produzir relatórios. Ao mesmo tempo, a aprendizagem on-line proporciona muita prática de redação e comunicação, e os professores constatam a melhora dessas habilidades como consequência de ampla experiência on-line.

Ser um aprendiz on-line bem-sucedido significa ser bom em aprender a aprender. Uma das grandes dificuldades da área educacional, no mundo de hoje, é que a informação se renova com muita rapidez. Na maior parte das disciplinas e áreas de conhecimento, há um fluxo constante de novas ideias, procedimentos e métodos. O modo como computadores e redes operam está sempre mudando, e a mesma coisa acontece com a natureza da aprendizagem virtual. Aprendizes on-line devem estar dispostos a modificar a maneira como aprendem para se adaptar a essas mudanças.

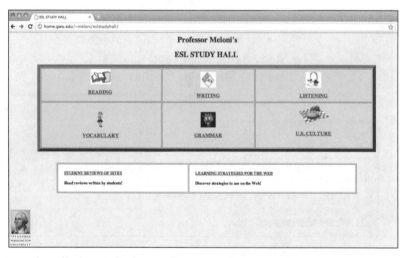

O ESL Study Hall, desenvolvido por Christine Meloni (http://home.gwu.edu/~meloni/eslstudyhall/), oferece ajuda para que o aluno aprenda técnicas de estudo.

O ambiente social

A aprendizagem on-line é, ao mesmo tempo, uma atividade social e individual. As habilidades sociais são um aspecto importante da interação via internet, especialmente quando envolvem colaboração. Infelizmente, a maioria das pessoas tem pouco treinamento formal sobre como interagir ou trabalhar umas com as outras, de modo que essas aptidões são obtidas incidentalmente com a família e durante a vida escolar. Para complicar ainda mais, o ambiente social das atividades on-line é bem diferente da interação pessoal e requer novas aptidões e comportamentos.

As pessoas apresentam comportamentos diferentes enquanto participam de discussões e conferências on-line. Algumas contribuem com frequência; outras leem todas as mensagens, mas raramente contribuem (as chamadas *lurkers*). O nível de participação é uma junção de vários fatores: (1) a assertividade ou timidez dos indivíduos; (2) seu interesse e envolvimento no assunto; (3) o conhecimento do software de rede que está sendo utilizado; (4) conveniência do acesso ao sistema; (5) suas habilidades de escrita e fala; e (6) motivação/incentivo para participar. Dependendo de todos esses fatores, um indivíduo poderá ou não contribuir para a atividade on-line.

Considerações culturais também são um fator importante na educação on-line (Cummins e Sayers, 1995; Warschauer, 1998). Muitas classes virtuais envolvem estudantes de diferentes países; de fato, um dos pontos fortes da educação on-line é a facilidade de proporcionar cursos dos quais podem participar pessoas do mundo todo. Cada cultura, porém, tem os próprios costumes sociais que ditam a natureza da interação com os outros (sem mencionar as diferenças religiosas e políticas). Alunos e professores devem ser sensíveis a essas diferenças e levá-las em conta ao interagir uns com os outros. Uma boa maneira de lidar com essas questões é encorajar os alunos a discuti-las abertamente logo no início do curso.

Oneida Indian Nation é um exemplo de site de preservação de uma cultura (http://oneida-nation.net).

De modo geral, formas assíncronas de interação (e-mail ou linhas de discussão) exigem menos em termos sociais que as conferências em tempo real, que requerem respostas imediatas e espontâneas. Atividades assíncronas permitem às pessoas dedicar o tempo que quiserem para ler e compor mensagens, o que compensa a timidez, as habilidades de comunicação limitadas ou a falta de familiaridade com o software utilizado. Também permitem refletir sobre as mensagens e suas respostas, resultando em discussões mais ponderadas.

Por fim, vale observar que a interação on-line estendida desenvolve os próprios padrões de comportamento social, fenômeno que tem sido bem documentado por Rheingold (1993), Rosenberg (1997), Strate, Jacobson e Gibson (1996), Turkle (1995) e Young (1998), entre outros. E também que surgiram algumas convenções para as discussões on-line (veja adiante, neste capítulo, o tópico Netiqueta). Uma classe virtual desenvolve o próprio ambiente social com base na natureza dos aplicativos on-line utilizados e no modo como o professor elabora e conduz o curso.

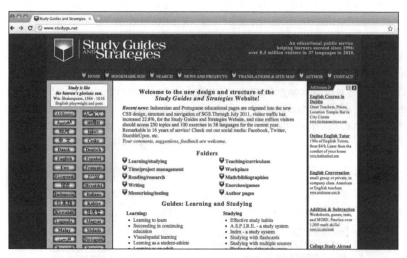

Study Guides and Strategies (http://www.studygs.net/) ajuda os alunos a encontrar guias de estudo sobre temas específicos de seu interesse na Web.

Teoria do engajamento

Com o passar dos anos, diferentes teorias e modelos de aprendizagem foram desenvolvidos (para saber mais sobre o assunto, consulte o site: http://www.gwu.edu/~tip). Embora muitas dessas teorias sejam de algum modo pertinentes à aprendizagem on-line, poucas foram desenvolvidas especificamente nesse contexto. Uma exceção é a teoria do engajamento.

Essa teoria (Kearsley e Shneiderman, 1998) sugere que os aprendizes devem estar ativamente engajados em tarefas importantes para que possa ocorrer uma aprendizagem eficaz. Isso significa que devem elaborar, planejar e resolver problemas, tomar decisões ou se envolver em discussões sobre os assuntos estudados. Conforme a teoria do engajamento, toda aprendizagem deve ter três importantes características: deve haver colaboração, ser baseada em problemas e ser autêntica. Colaboração significa interação entre alunos, professores e especialistas via e-mail, fóruns de discussão e conferência. Ser baseada em problemas significa que todas as atividades dos alunos envolvem a realização de atividades ou projetos, e não apenas testes ou exames. Ser autêntica significa que todo o material e todas as atividades do curso são realistas e estão diretamente ligadas aos interesses dos alunos.

WebQuest (http://www.webquest.org) é um modelo de aprendizagem orientado para a pesquisa que engaja o aluno.

De acordo com a teoria do engajamento, uma classe on-line deve começar com os alunos conhecendo uns aos outros, o que pode ser feito postando-se declarações sobre a experiência e formação de cada um deles em um fórum de discussão. Outra abordagem poderia ser uma atividade inicial com os alunos discutindo suas expectativas e metas para o curso. Uma segunda atividade seria pedir aos alunos que trabalhassem em pares ou pequenos grupos para pesquisar uma questão específica. A próxima atividade poderia ser pedir aos alunos (que estariam trabalhando em pequenos grupos) que analisassem um estudo de caso ou propusessem um plano geral para um problema. Outra sugestão de atividade seria um grande projeto de análise – um projeto no qual os alunos trabalhariam durante todo o curso, apresentando seu resultado no final. Todas essas ativi-

70 | Educação on-line

dades seriam conduzidas on-line, utilizando-se as capacidades e ferramentas discutidas no capítulo anterior.

A teoria do engajamento baseia-se em muitos temas importantes da teoria da aprendizagem. Ela adota uma filosofia construtivista, em que os alunos têm a chance de criar o próprio ambiente de aprendizagem (Bruner, Piaget e outros). Por exemplo, um enquadramento construtivista é fundamental para o trabalho de Seymour Papert, mencionado no Capítulo 1. Já o construtivismo é o modelo central para as áreas de ciências e matemática (veja, por exemplo, Yager, 1991). A teoria do engajamento também adota as ideias da aprendizagem situada (veja, por exemplo, Brown, Collins e Duguid, 1996; Lave e Wenger, 1990), que enfatiza a importância de uma comunidade de prática. Além disso, é coerente com as teorias de aprendizagem de adultos (por exemplo, Cross, 1981; Knowles, 1978; Schon, 1990), que enfatizam os aspectos experienciais da aprendizagem. Por último, a teoria do engajamento adota as ideias da aprendizagem cooperativa e em equipe.

Há muitos anos, escolas de administração e faculdades de medicina vêm enfatizando uma abordagem baseada em casos e resolução de problemas tendo em vista a aprendizagem. Veja, por exemplo, os sites da Harvard Business School (http://www.hbs.edu/) e da Faculdade de Medicina da Ohio State University (http://medicine.osu.edu). Embora essas abordagens em relação ao processo de ensino e aprendizagem tenham sido desenvolvidas no contexto da sala de aula tradicional, sua ênfase na aprendizagem realista e experiencial tem natureza semelhante à da teoria do engajamento. De fato, é provável que as abordagens de casos e problemas tornem-se estratégias mais comuns em cursos on-line, já que podem ser implementadas com mais eficácia.

Netiqueta

A interação on-line requer alguns comportamentos específicos em termos de comunicação – convenções que passaram a ser chamadas "netiqueta" (Shea, 1994).

A seguir, são fornecidas algumas "regras de trânsito" para a estrada da informação:

- Escreva mensagens curtas. As pessoas não gostam de ler mensagens longas em e-mail ou em fóruns. Se você tem muito a dizer, divida as ideias em várias postagens.
- Não use LETRAS MAIÚSCULAS nas mensagens (especialmente uma mensagem toda redigida com letras maiúsculas). Na escrita on-line, as maiúsculas equivalem a um grito – algo que normalmente não se faz em uma conversa educada. Use-as somente quando quiser realmente enfatizar algo.

- Ao responder a uma mensagem de e-mail ou a uma postagem em uma conferência, é aconselhável resumir, na primeira sentença, a que mensagem você está respondendo ("Não concordo com os comentários de John D sobre sexo virtual..."), pois, assim, o contexto da mensagem fica claro.

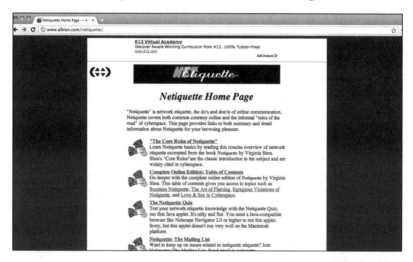

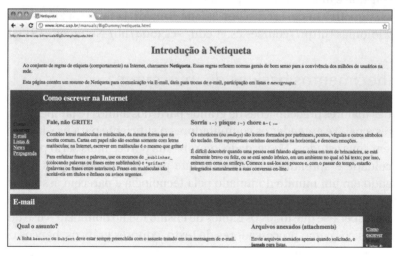

São bons exemplos os sites da Albion Netiquette (http://www.albion.com/netiquette) e o da USP (http://www.icmc.usp.br/manuals/BigDummy/netiqueta.html).

- Quando se referir a um site na Web, forneça o URL, de modo que as pessoas possam consultá-lo por si próprias. É aconselhável citar o URL na forma executável (incluindo o "http://"), assim o link pode ser copiado e colado diretamente no navegador de sua preferência.

Educação on-line

- Evite utilizar o sarcasmo em suas mensagens, pois ele é facilmente mal-interpretado. Uma mensagem on-line não traz o tom de voz e as expressões faciais, indicando que a observação pode ser, por exemplo, uma brincadeira; portanto, provavelmente ela poderá ser considerada um comentário sério. Se a mensagem for transmitida em formato de vídeo, não há tanto problema.
- Cuidado com o *flaming* – ou seja, envolver-se em um bate-boca on-line fazendo observações impensadas ou grosseiras em uma mensagem. Como estão escritos e não possuem um contexto, comentários negativos tendem a ser amplificados, ou seja, pequenos insultos ou críticas parecem muito mais graves. Seja cuidadoso ao formular mensagens on-line – não é a mesma coisa que uma interação pessoal ou por telefone.

Assim como algumas pessoas são excelentes na comunicação pessoal, outras tornam-se especialistas em interação on-line. É claro que isso envolve mais do que simplesmente entender netiqueta: significa que a rede de computadores tornou-se tão transparente para elas que são capazes de se concentrar totalmente na interação. Com o tempo, podemos esperar que muitos alunos atinjam esse nível. Sempre haverá, porém, pessoas que não se sentem confortáveis na interação on-line. A maneira como acomodar esses indivíduos na educação on-line é uma questão importante.

O Netiquette Guide, escrito por Arlene Rinaldi, já foi traduzido para mais de dez idiomas (http://courses.cs.vt.edu/~cs3604/lib/ Netiquette/Rinaldi/).

Conhecimentos básicos de informática

Uma das maiores preocupações de grande parte dos alunos (e também dos professores e pais) é entender os computadores o suficiente para usá-los com eficácia em seus estudos. Na verdade, o problema parece mais sério para alunos de faculdade e aprendizes adultos do que para as crianças, pois estas vêm crescendo em um mundo dominado pela tecnologia e parecem assimilar com facilidade os conceitos de informática.

Hoje, espera-se que todos os alunos de ensino médio dominem o uso de aplicativos básicos como processadores de texto, editores gráficos, bancos de dados e planilhas eletrônicas, e também como conectar-se à internet, enviar e receber e-mail e navegar na Web. No ensino superior, espera-se que os alunos saibam utilizar programas de áreas específicas, como matemática, estatística ou engenharia. Saber como usar um mecanismo de busca (como Google, Bing ou Yahoo) é essencial para fazer pesquisas na internet, seja em nível de ensino básico ou de pós-graduação.

No mundo dos negócios, conhecimentos de informática são ainda mais necessários. Funcionários de corporações e agências do governo devem aprender a usar sistemas proprietários para emitir nota fiscal, fazer contabilidade financeira, gerenciar estoque e processos de manufatura e assim por diante. Além disso, devem saber como ler e-mails, acessar informações sobre produtos e registros de clientes ou produzir relatórios. Em algumas empresas, as pessoas passam o dia inteiro trabalhando em um computador (por exemplo, corretores de ações, controladores de tráfego aéreo, agentes de viagem, balconistas de lojas, consultores de atendimento ao cliente etc.). Em muitos países, os conhecimentos de informática são incentivados como uma prioridade nacional. A Finlândia, por exemplo, criou uma "Carteira de Habilitação em Informática" (veja o site http://www.tieke.fi/in_english/).

É claro que, para estudantes e funcionários de empresas, a proficiência em informática determina o sucesso na escola e no local de trabalho. Considerado esse fato, surge a questão de que tipo de atenção deve ser dada ao ensino de informática. A maioria das escolas, faculdades e organizações dedica um tempo significativo à informática em seus cursos e treinamentos. No entanto, muitos indivíduos ainda adquirem seus conhecimentos sobre o assunto de forma autodidata. Consequentemente, o interesse e o desejo natural de um aluno ou trabalhador aprender sobre computadores é um fator muito importante para que possam aprimorar seus conhecimentos em informática e ter melhor atuação na educação on-line.

Necessidades especiais

Certos grupos de pessoas possuem necessidades especiais e, portanto, representam uma preocupação específica para a educação on-line. Esses grupos incluem crianças pequenas, idosos e pessoas portadoras de deficiências.

As crianças têm capacidades de leitura e escrita limitadas, motivo pelo qual geralmente não podem utilizar programas ou ferramentas de rede convencionais. Em vez disso, precisam de softwares bastante visuais ou de explicações em áudio/vídeo. Por esse motivo, foram desenvolvidos programas especiais de e-mail e outros aplicativos (como processadores de texto, editores gráficos e bancos de dados). Na medida em que a aprendizagem on-line envolve jogos e atividades práticas, esses programas especiais parecem funcionar bem com crianças pequenas. Druin (1999) e Healy (1998), por exemplo, discutem algumas das questões ligadas ao uso de computadores por crianças.

Muitas crianças apresentam deficiências de aprendizagem, como transtorno de déficit de atenção, dislexia ou problemas na fala. Existem diversos grupos de apoio, programas de tratamento/treinamento, bancos de dados com informações, empresas e consultores disponíveis on-line que se concentram em uma ou mais dessas deficiências. É possível consultar, por exemplo, a Associação para a Deficiência de Aprendizagem em http://www.ldanatl.org e o Conselho da Criança Excepcional em http://www.cec.sped.org (esse último site também inclui a ERIC – Clearinghouse on Disabilities and Gifted Education ou Central de Informações sobre Deficiências e Educação de Superdotados). Esses recursos on-line são muito úteis para professores e também para pais de alunos com deficiências.

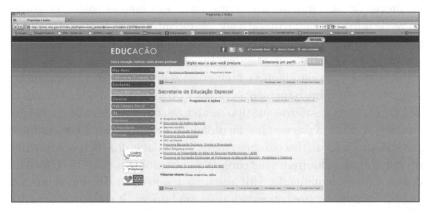

Veja o endereço da Secretaria de Educação Especial do MEC:
http://portal.mec.gov.br/index.php?option=com_content&view=article&id=12507&Itemid=826.

Os idosos poderão encontrar limitações de interface em termos de legibilidade da tela e capacidade de digitação em razão de deficiência visual ou psicomotora. Atualmente, a maior parte dos sistemas e softwares, no entanto, pode compensar esses problemas. Por exemplo, os navegadores Web permitem aumentar o tamanho das letras na tela até ficarem suficientemente grandes. Os sistemas operacionais normalmente também aceitam uma variedade de diferentes periféricos, incluindo *mouse*, *joystick* ou tela sensível ao toque (*touch screen*).

Para aqueles com deficiências mais graves (como autismo, surdez, cegueira, esclerose múltipla ou paralisia cerebral), existem diversos hardwares e softwares auxiliares (consulte o site http://www.trace.wisc.edu). Essa tecnologia inclui sintetizadores que transformam textos em fala e impressoras em braile para pessoas com deficiência visual, dispositivos para entrada de voz para aqueles sem mobilidade física e legendas em áudio para as pessoas com deficiência auditiva. Infelizmente, muitos sistemas escolares e empresas desconhecem essas tecnologias ou não sabem como instalá-la e mantê-la. Consequentemente, pais, professores e pessoas com necessidades especiais geralmente precisam ser muito persistentes (muitas vezes a ponto de iniciar uma ação legal) para que escolas e empresas ofereçam essa tecnologia auxiliar.

Aprendizagem on-line | 75

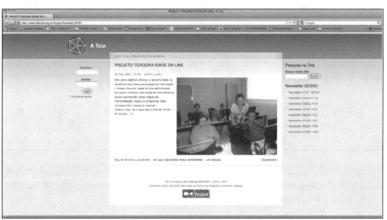

Seniornet (http://www.seniornet.org/) é um exemplo de comunidade on-line voltada para os interesses de um grupo específico de aprendizes: os idosos. Em português, veja Terceira Idade On-line (http://projectotio.net/) e também o Projeto Terceira Idade On-line (http://www.idbrasil.org.br/drupal/?q=node/32724).

Os recursos gráficos e de multimídia da Web apresentam problemas para pessoas com certas deficiências, embora cada vez mais haja preocupação em elaborar páginas que minimizem esses problemas (veja o Cápitulo 7). A ironia de se projetar novas capacidades para pessoas que possuem necessidades especiais é que geralmente elas acabam sendo úteis para todos os usuários. Por exemplo, o recurso de ampliar o tamanho do texto em qualquer programa é conveniente quando você quer mostrar algo na tela para maior número de pessoas – ou não consegue encontrar seus óculos. Portanto, dar a devida atenção às necessidades especiais na elaboração de softwares e hardwares deve tornar-se rotina e não uma ideia de última hora.

O projeto EASI (http://people.rit.edu/easi/) oferece diretrizes para o desenvolvimento de material on-line para pessoas com deficiência. Veja, também, o endereço da Rede SACI: http://saci.org.br/, e o site da Fundação Dorina Norwill para deficientes visuais (http://www.fundacaodorina.org.br).

Para mais informações sobre computadores e deficiências, veja Cook e Hussey (1995), Coombs e Cunningham (1997), Covington e Hannah (1996) ou Lazzaro (1996).

Igualdade de gênero

Outro importante aspecto sociocultural da tecnologia educacional é a desigualdade entre homens e mulheres nas atividades de informática (Furger, 1998). Desde os primeiros anos de escola até a faculdade e a vida profissional, um número relativamente pequeno de mulheres é atraído pela tecnologia, motivo pelo qual este ambiente é atualmente dominado pelos homens. As meninas não são encorajadas a "brincar" com computadores nem a seguir estudos ou carreiras relacionados à informática. Obviamente, essa diferença de gênero é um problema para uma sociedade da informação em que metade da população está alijada.

As raízes desse problema estão em normas culturais que não podem ser facilmente mudadas. Alguns educadores, porém, desenvolveram programas dirigidos especificamente às meninas, em uma tentativa de torná-las mais interessadas e envolvidas em tecnologia. Um exemplo é o Cyber Systems Club, desenvolvido na Penn State Lehigh Valley por Judy Lichtman (veja http://www.lv.psu.edu/jkl1/sisters), que oferece um ambiente de apoio para que meninas possam explorar os computadores. Também ocorre uma proliferação de grupos on-line orientados para mulheres, como o Canadian Women's Business Network (http://www.cdnbizwomen.com) e o Women in Technology (http://www.witi.com/) [Hoje um site de namoro.]. Para uma interessante análise sobre mulheres e cibercultura, veja: "Girls needs modens!", de Krista Scott (http://www.stumptuous.com/mrp.html).

Norman Coombs: tecnologia adaptativa para a comunicação on-line

Norman Coombs é professor de história do Instituto Rochester de Tecnologia e pioneiro em educação on-line. Sendo ele uma pessoa cega, faz uso extensivo de tecnologia adaptativa para ensinar. Curiosamente, sua interação em aula com alunos surdos proporcionou-lhe uma compreensão inicial de como a interação on-line poderia oferecer novas oportunidades de aprendizagem. Ele é o presidente do projeto EASI e está envolvido em muitas atividades voltadas para o acesso de indivíduos portadores de necessidades especiais. Também foi escolhido como Professor do Ano de Nova York em 1998.

Para saber mais sobre seu trabalho, consulte o site http://people.rit.edu/nrcgsh/_

78 | Educação on-line

No longo prazo, a desigualdade de gênero possivelmente desaparecerá à medida que as mulheres assumirem mais trabalhos na área de tecnologia e, assim, servirem de modelo para as mais jovens. Essa progressão, porém, poderá levar muitos anos em certas culturas por questões culturais mais rígidas.

Conclusão

Ser um aprendiz on-line bem-sucedido depende de vários fatores, incluindo a necessária capacidade de aprender a aprender, a adaptação ao ambiente social (e seus obstáculos culturais), estar engajado na atividade da aprendizagem, seguir as regras da netiqueta e ter uma interface de aprendizagem adequada. A maioria dos alunos de nível superior ou dos trabalhadores que participam de treinamentos pode prontamente satisfazer a todas essas condições. Para alunos do ensino fundamental ou indivíduos que querem aprender sozinhos, talvez seja mais difícil. Quanto a aprendizagem é fácil ou difícil em determinado curso depende em parte do professor e da elaboração das atividades on-line – considerações que veremos nos dois capítulos seguintes.

Ideias principais

- Para ter sucesso nas classes on-line, os alunos precisam ter boas habilidades de estudo e de comunicação, estar altamente motivados e ser capazes de aprender a aprender.
- A aprendizagem on-line ocorre em um ambiente social que enfatiza a interação interpessoal e é sensível a considerações culturais.
- A teoria do engajamento oferece um enquadramento para a aprendizagem on-line com base na colaboração, conteúdo autêntico e atividades baseadas em problemas.
- A netiqueta oferece um conjunto de convenções para o comportamento em um ambiente on-line que todos devem seguir.
- Estudantes e trabalhadores precisam de certas habilidades básicas em informática para serem aprendizes on-line bem-sucedidos.
- Certas populações de aprendizes, como crianças, idosos e indivíduos portadores de deficiência, têm necessidades especiais em termos de informática.
- É preciso envidar esforços para evitar um viés de gênero na educação on-line.

Questões para reflexão

1. Você se considera um aprendiz on-line bem-sucedido? Por quê? Ou por que não?
2. Quais são os aspectos sociais da interação on-line que o preocupam?
3. Identifique outras teorias ou modelos de aprendizagem que sejam pertinentes para a teoria do engajamento ou para a aprendizagem on-line.

4. Você conhece outras regras de netiqueta?
5. Quais são as necessidades especiais que parecem representar grandes problemas para a aprendizagem on-line?
6. Algumas pessoas tendem a aprender melhor em um ambiente on-line do que pelos meios tradicionais?

6

Ensino on-line

Após a leitura deste capítulo, você entenderá:

- como a educação on-line difere do ensino tradicional em sala de aula;
- as qualidades de um professor on-line competente.

O Mercado da Informação mudará o papel das escolas, universidades e da comunidade educacional. Um dos efeitos mais óbvios será a expansão simultânea do mercado de alunos para as escolas, e do mercado de escolas para os alunos. Por que estudar em uma escola, em um centro de treinamento ou em uma universidade local se você pode frequentar, a distância, a melhor escola de acordo com seus interesses particulares? (Dertouzos, 1997, p. 187)

Nos capítulos anteriores, discutimos como a aprendizagem on-line difere da aprendizagem nos ambientes educacionais convencionais. O ensino on-line também é muito diferente da prática na sala de aula tradicional. Em uma sala de aula, o professor tenta passar informações e entusiasmar os alunos com a matéria que está sendo ensinada. Entretanto, em uma classe on-line, o trabalho do professor se parece mais com o de um treinador ou moderador do que com o de um apresentador ou *performer*. Na medida em que o aluno estiver engajado na aprendizagem ativa, haverá menos necessidade de motivação extrínseca por parte do professor. E, como a informação poderá vir de um banco de dados ou de colaborações, o professor não precisa ser um especialista no conteúdo. Além disso, cursos on-line oferecem muitas oportunidades de colaboração para professores, e o ensino em equipe está se tornando um elemento comum em cursos baseados na Web.

Interatividade e participação

O papel mais importante do professor em classes on-line é assegurar alto grau de interatividade e participação, o que significa elaborar e conduzir atividades de aprendizagem que resultem em envolvimento com a disciplina e com os colegas. Conforme já vimos no capítulo anterior, o curso deve se concentrar em atividades e projetos que sejam pertinentes e de natureza realista. Deve também envolver muitas oportunidades para contribuições do professor e dos colegas. Essa condição pode ser prontamente satisfeita com os alunos postando seu trabalho em um fórum onde todos possam ver e comentar todas as respostas. O uso de uma lista de discussão por e-mail serve ao mesmo propósito, embora não permita a discussão cumulativa possível em um fórum.

Mesmo que esses meios de interação e participação on-line estejam disponíveis, os alunos ainda assim necessitarão de incentivo para se envolverem. Esse incentivo é especialmente necessário para alunos que são novos na aprendizagem on-line ou profissionais com pouco tempo disponível. A abordagem mais eficaz é fazer da participação uma exigência do curso e um componente da nota. Cada tarefa poderá ser avaliada com base na qualidade geral da participação do aluno.

A interação entre alunos pode ser intensificada por meio de atividades de avaliação entre pares e atividades em grupo. Em um curso sem notas ou com participantes voluntários (por exemplo, um *workshop* interno), interatividade e participação dependerão principalmente da utilidade e da pertinência dessas atividades para os alunos. Quanto mais úteis e interessantes forem as atividades e as discussões, maior será a probabilidade de participação dos alunos sem necessidade de motivação extrínseca. Assim, o uso da teoria do engajamento, que enfatiza um trabalho de curso significativo e realista, torna-se ainda mais importante nesses ambientes.

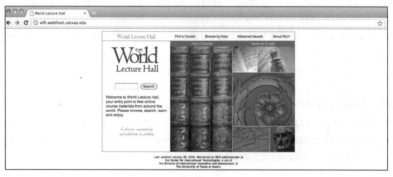

O World Lecture Hall (http://wlh.webhost.utexas.edu/) é um banco de dados internacional de cursos on-line em nível superior.

Outro fator que afeta muito a interação e a participação dos alunos é o nível de envolvimento do professor. Caso ele poste mensagens regularmente no fórum de discussão ou faça comentários para os estudantes via e-mail, essa contribuição aumenta o envolvimento do aluno e a participação no curso. Uma regra fundamental do bom ensino on-line é que o professor deve ter uma grande participação neste para que os alunos façam o mesmo.

O site Newspaper in Education (http://www.press-enterprise.com/nie/), um projeto dos jornais da Detroit News e Free Press, é um esforço para oferecer recursos de edição para o mundo on-line. Para o Brasil, veja o Portal Educação (http://www.portaleducacao.com.br/) e o Universia (http://www.universia.com.br/).

É preciso observar que, embora a participação e a interação estejam intimamente relacionadas, elas não são a mesma coisa. Participação refere-se ao envolvimento e à presença, sem necessidade de resposta ou *feedback*. Por exemplo, muitos estudantes podem participar de conferências em tempo real, mesmo que apenas alguns possam realmente interagir. Interação significa que algum tipo de diálogo está ocorrendo entre o aluno e o professor, outros alunos ou o próprio conteúdo do curso. O diálogo com o conteúdo significa que o sistema responde à contribuição ou às escolhas do aluno – por exemplo, respondendo a uma pergunta ou a uma busca. Simulações são altamente interativas, pois o *status* do sistema muda instantaneamente com base nas ações dos alunos. Obviamente, tanto a participação como a interação são desejáveis em programas de aprendizagem on-line. Ambas podem ser realizadas com o uso das várias ferramentas discutidas no Capítulo 3, de modo apropriado para que sejam atingidas as metas e os objetivos de aprendizagem do curso (Levin et al., 1989).

Entre as muitas associações e organizações preocupadas com a educação on-line está a EDUCAUSE (http://www.educause.edu).

Feedback

É importante que o professor possa dar algum tipo de retorno a seus alunos. Em cursos on-line, o *feedback* geralmente assume a forma de mensagens de e-mail a respeito das atividades escolares ou comentários sobre elas. Geralmente o professor fará anotações no arquivo original enviado pelo aluno, que depois fará o *download* deste para verificar os comentários. O ideal é que o professor possa dar retorno individualmente, a cada estudante, e também um retorno ao grupo. Este poderá assumir a forma de mensagens postadas em um fórum de discussão ou em uma conferência, resumindo/sintetizando as respostas individuais dadas a um tópico ou atividade.

A avaliação entre os pares pode ser uma alternativa ou um suplemento ao retorno por parte do professor. O *feedback* dos colegas costuma ser muito útil porque representa a perspectiva deles, e não a de um especialista. Os alunos, porém, normalmente precisam de uma orientação detalhada para avaliar os trabalhos uns dos outros, como uma lista do que deve ser considerado, um conjunto de perguntas ou uma lista de critérios. Talvez seja necessário lembrá-los de que devem ser construtivos em seus comentários, pois os alunos tendem a assumir que a avaliação deve ser negativa. Pedir a eles que revejam os princípios básicos de netiqueta discutidos no capítulo anterior também é uma boa ideia.

O momento do *feedback* é muito importante. Geralmente os alunos ficam ansiosos para saber se seu trabalho é aceitável ou está correto (Crouch e Montecino, 1997). E, do ponto de vista educacional, o *feedback* ou retorno é mais valioso na correção de equívocos se for recebido logo após a resposta inicial. Mesmo que o retorno seja um simples reconhecimento de que o trabalho foi recebido, ele faz uma grande diferença para os alunos. De fato, uma das queixas mais comuns dos estudantes sobre cursos on-line é não ter um *feedback* oportuno (ou qualquer um que seja) de suas atividades. Os professores devem indicar o prazo normal para o *feedback* das tarefas (por exemplo, até 48 horas) e cumpri-lo. As mesmas regras de prazo de retorno devem aplicar-se à avaliação entre os pares.

O American Society for Training & Development (http://www.astd.org/) é um exemplo de recurso para aqueles interessados no mundo dos treinamentos.

Carga horária

Uma das implicações de um curso altamente interativo e de se oferecer um *feedback* aos alunos é que isso cria uma elevada carga horária para os professores (Brown, 1998). Como regra, quanto maior o nível de interatividade e participação em um curso, há mais trabalho para o professor. Organizar e moderar atividades on-line exige muito tempo. Se uma classe tiver trinta alunos e o professor gastar em média vinte minutos por aluno avaliando seu trabalho e oferecendo o devido retorno a cada semana, isso resulta em dez horas por semana para uma classe – uma carga horária bem maior que a da maioria das classes tradicionais. Não se esqueça que essa estimativa de tempo cobre apenas a interação com os alunos e não inclui o tempo gasto preparando o material do curso, aprendendo a usar o software utilizado e resolvendo problemas.

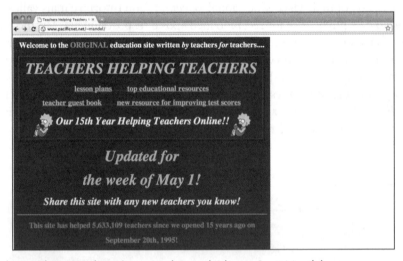

Teachers Helping Teachers é um site desenvolvido por Scott Mandel (http://www.pacificnet.net/~mandel).

Uma maneira de reduzir essa carga horária é utilizar mais as atividades de avaliação entre os pares, ou seja, quando os alunos avaliam uns aos outros. No entanto, mesmo assim os professores precisam monitorar as avaliações entre pares e às vezes fazer intervenções. Outra estratégia potencial é utilizar principalmente as mensagens de *feedback* ao grupo, e não as individuais. A criação de um arquivo ou de uma página FAQ (perguntas frequentes) é um bom método de responder àquelas perguntas feitas com maior frequência (veja Shaw, 1966).

Outra estratégia para reduzir a carga horária é o uso de assistentes ou tutores, especialmente no caso de classes numerosas. De modo geral, uma classe online com mais de trinta alunos é mais do que um único professor pode administrar confortavelmente. No entanto, quando se utilizam tutores em cursos on-line, eles necessariamente precisam ter alguma experiência on-line, de preferência como alunos. Provavelmente terão de ser treinados nas técnicas básicas de ensino on-line e também precisarão ser supervisionados em termos da qualidade de seu trabalho, seja pelo professor ou pelo administrador do curso. Considerando todos esses fatores, o uso de tutores em cursos on-line não é uma solução simples para lidar com muitos alunos, embora pareça fácil.

O modo mais fácil de dar retorno aos alunos é com o uso de testes de múltipla escolha ou de respostas curtas. De fato, uma grande parte das ferramentas de testagem on-line permite gerar pontuação automática e mensagens de *feedback* para os alunos logo após a conclusão do teste. Embora a rapidez do *feedback* seja ideal, as pontuações em testes e mensagens de *feedback* predefinidas geralmente não proporcionam experiências de aprendizagem significativas. Se o modelo da teoria do engajamento estiver sendo utilizado, os alunos estarão envolvidos em projetos ou escrevendo respostas para as atividades, o que torna esses testes inadequados. Embora testes simples façam sentido em alguns ambientes (como resolver problemas de matemática ou dominar uma terminologia), na maior parte dos casos seu uso indica incapacidade para elaborar boas atividades de aprendizagem.

A OnlineClass (http://www.onlineclass.com) oferece um banco de dados de lições on-line e orientação para professores sobre como integrá-las em atividades na sala de aula.

Mesmo que a carga horária para um curso on-line seja alta, ela proporciona maior flexibilidade do que o ensino em uma sala de aula tradicional, já que as atividades de ensino podem ser feitas onde e quando desejadas. Essa flexibili-

88 | Educação on-line

dade é um dos maiores incentivos para que o corpo docente decida pelo ensino on-line. Portanto, a conveniência da educação virtual é importante tanto para os alunos como para os professores.

Moderação e facilitação

Já foi mencionado anteriormente neste capítulo e no começo do livro que o ensino on-line requer boas aptidões de moderação e facilitação (Berge, 1996; Paulsen, 1995). A moderação envolve incentivar os estudantes a participar de fóruns de discussão e conferências, assegurando-se de que certos alunos não dominem o ambiente [ou seja, não centralizem as discussões do fórum], mantendo-as focalizadas no tópico em questão, apresentando múltiplas perspectivas e resumindo/sintetizando os pontos principais das discussões. Facilitação significa oferecer informações que ajudarão os alunos a realizar suas atividades, sugerindo ideias ou estratégias que possam ser seguidas em seu trabalho durante o curso, e fazê-los refletir sobre suas respostas e seu trabalho.

As atividades de moderação e a facilitação ocorrem em vários níveis. No início de uma classe, o professor poderá discutir com os alunos suas expectativas e metas para o curso, considerando-se a formação e a experiência prévia de aprendizagem em um ambiente on-line. Ao dar nota a cada atividade, o professor estará dando o *feedback* apropriado às capacidades e à formação de cada estudante. No contexto de uma conferência ou fórum de discussão, o professor tentará fazer seus alunos participar e aprender uns com os outros. Do mesmo modo, no contexto de projetos de grupo e atividades colaborativas, a preocupação do professor será levar os alunos a trabalhar juntos e a beneficiar-se da interação em equipe.

Adotar o papel de moderador ou facilitador em classes on-line muda significativamente a natureza do papel do professor e sua carga horária. Exige que ele preste mais atenção à dinâmica social e aos padrões de interação na classe. Também requer que o professor se concentre nas necessidades individuais e no progresso de cada aluno a fim de facilitar a aprendizagem. Há menos ênfase na apresentação da informação do que em ajudar os alunos a encontrar a informação. Ensinar determinada lição ou tópico pode levar mais tempo que na sala de aula tradicional, porque alguns alunos poderão eles mesmos levar mais tempo para adquirir as habilidades ou os conhecimentos desejados.

Um dos dilemas enfrentados por muitos professores quando começam a ensinar em um ambiente on-line é ter pouca experiência com técnicas de moderação e facilitação (a não ser, talvez, que a sua formação seja em educação de nível básico ou especial, situações em que esses métodos costumam ser praticados). Essas habilidades precisam ser um elemento-chave de qualquer programa de treinamento para professsores que ensinem em cursos virtuais. Professores que já possuem essas aptidões terão uma grande vantagem no ambiente on-line.

Eficácia

Vários fatores determinam a eficácia do ensino virtual. Entre os mais óbvios está a experiência, que inclui tanto a familiaridade geral com a natureza e as técnicas de ensino on-line como o domínio do sistema e dos softwares específicos utilizados em um dado curso. Por exemplo, professores experientes no ensino on-line saberão como usar e lidar com um fórum de discussão no curso, mas também deverão conhecer bem o ambiente de interação específico para o fórum utilizado no curso. Considerando-se que as ferramentas de apresentação do curso, bem como a rede, mudam continuamente, os professores precisarão passar um tempo razoável aprendendo sobre novos softwares antes de utilizá-los nas classes.

Professores on-line competentes também precisam entender e praticar todas as técnicas discutidas neste capítulo com respeito à interação, à participação, ao *feedback*, à facilitação e à moderação. Essas habilidades geralmente são desenvolvidas com o tempo à medida que o professor vai ganhando mais experiência com classes on-line. No entanto, elas podem ser adquiridas mais rapidamente se os professores tiveram experiência como alunos em cursos virtuais e entendem como é aprender em um ambiente on-line. Por essa razão, é altamente desejável que o treinamento para o ensino on-line seja conduzido via cursos on-line.

Professores on-line competentes provavelmente são bons professores de um modo geral. Estudos sobre a competência do professor mostram que bons professores são entusiasmados com a atividade de ensinar e com sua área de conhecimento, preocupam-se muito em ajudar os alunos, estão dispostos a tentar novos métodos de ensino e novas ideias, e se interessam em melhorar a qualidade de seu ensino. Essas qualidades predispõem bons professores a serem professores on-line competentes, mas não garantem que todo bom professor seja um professor on-line competente. Alguns excelentes professores, que apreciam as apresentações em sala de aula e o contato pessoal com os alunos, não consideram o ambiente on-line tão gratificante ou confortável para ensinar. E alguns bons professores não têm interesse nem as habilidades necessárias para ensinar on-line. Também é possível que professores que não se dão bem na sala de aula tradicional consigam se sair melhor em classes on-line, embora essa última opção pareça menos provável.

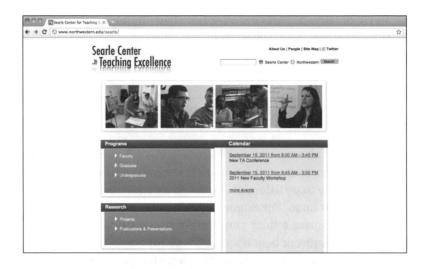

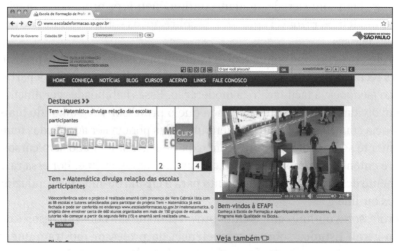

O Searle Center for Teaching Excellence da Northwestern University (http://www.northwestern.edu/searle/) é um dos muitos centros para eficácia do ensino existentes nos Estados Unidos. Pode-se referenciar para o Brasil a Escola de Formação e Aperfeiçoamento de Professores do Estado de São Paulo "Paulo Renato Costa Souza", no endereço: http://www.escoladeformacao.sp.gov.br/.

Tinker e Haavind (1996) relataram os resultados de seu modelo Netseminar, elaborado para treinar professores no projeto Virtual High School Cooperative de ensino on-line (veja o site: http://www.concord.org). O Netseminar é um curso de treinamento on-line que apresenta aos professores os diversos tipos de métodos de aprendizagem colaborativos e construtivistas que poderão utilizar com seus alunos. Tinker e Haavind observam que o ensino on-line requer uma transformação cultural por parte do professor para valorizar e aproveitar o potencial colaborativo das atividades em rede, bem como melhorar a parceria em contextos escolares presenciais entre coordenadores de sites e professores. Por exemplo, embora os professores pudessem facilmente compartilhar ideias uns com os outros, transmitindo informação e ensinando em equipe em um curso virtual, a cultura de criar um plano de aula individualmente é prática normativa. Em outras palavras, tornar-se um professor on-line bem-sucedido envolve um longo processo de mudança em termos de métodos de ensino.

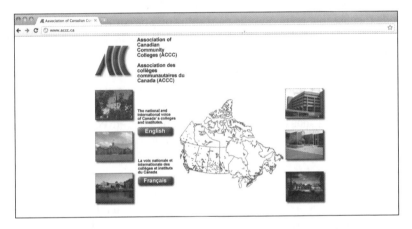

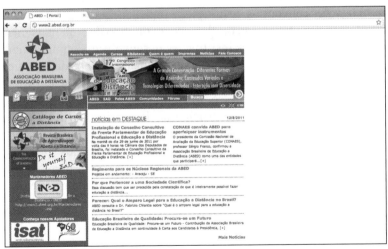

A Association of Universities and Colleges of Canada (AUCC) oferece uma série de orientações e treinamento a seus membros (http://www.accc.ca/). Entre nós, temos a Associação Brasileira de Educação a Distância (http://www2.abed.org.br/).

Colaboração entre docentes

Assim como os cursos on-line oferecem muitas oportunidades para a interação entre alunos, também apresentam muitas possibilidades para colaboração entre professores. Apesar de apreciarem a colaboração, os professores geralmente acham difícil fazê-lo no ambiente convencional da sala de aula. Uma classe on-line, porém, torna a colaboração mais fácil.

É comum, na colaboração on-line, convidar participantes para uma aula ou para discutir um tema específico do curso. Por exemplo, um especialista em determinado assunto poderá participar de uma conferência em tempo real ou de um fórum de discussão e responder às perguntas ou aos comentários dos alunos. A maioria das pessoas se dispõe a fazê-lo sem cobrar nada, pois esse tipo de atividade não costuma tomar muito tempo, apenas a duração da conexão na internet. Se a interação for mais extensa (alguns dias ou algumas semanas), provavelmente o convidado receberá honorários ou algum pagamento pela consultoria.

Ao preparar o curso, o professor principal identifica os convidados potenciais (normalmente pelas suas publicações ou apresentações em conferências) e depois entra em contato com eles via e-mail para saber se estão interessados e disponíveis. Se concordarem, é calculado um tempo específico para sua participação e eles deverão fornecer qualquer material pertinente que possam ter na forma eletrônica (documentos na Web). Tanto os convidados como os alunos geralmente consideram essas experiências muito gratificantes e estimulantes, pois não apenas apresentam aos alunos diferentes perspectivas sobre o assunto, mas também estabelecem ligações com outras instituições e organizações.

Outra forma de colaboração on-line ocorre quando dois ou mais membros do corpo docente de diferentes instituições desenvolvem conjuntamente um curso para ser oferecido nessas mesmas instituições. Alunos de cada uma delas poderão fazer o curso valendo créditos, além de contar como parte da carga horária de ensino para cada professor. Esse tipo de ensino em equipe é mais difícil de organizar que o modelo de participação de convidados, pois o curso precisa ser aprovado pela administração dos departamentos e comitês apropriados de cada instituição (o que, em geral, não é tarefa das mais simples). Esse método, porém, tem muitas vantagens, pois permite que recursos de diversas instituições sejam combinados para desenvolver e apresentar um curso, e os alunos dessas instituições se beneficiam interagindo entre si.

Por fim, há muitas oportunidades para colaboração informal via e-mail, conferências e fóruns de discussão. É comum o corpo docente entrar em contato com autores ou pesquisadores, aproveitando o resultado dessas interações em suas atividades de ensino. Os desenvolvedores de produtos geralmente estão ansiosos para falar com os usuários e discutir os problemas relativos a seu software. Os professores costumam indicar a seus alunos conferências e discussões que sejam pertinentes à aula ministrada, e às vezes são os alunos quem as indicam a seus professores e colegas. De fato, no ambiente de rede é difícil não haver algum tipo de colaboração.

Avaliação do aluno

Um dos aspectos do ensino on-line que costuma gerar muita preocupação é a avaliação do desempenho do aluno. Os professores temem não ser capazes de avaliar adequadamente a compreensão ou a participação do aluno. Ironicamente, a avaliação do estudante pode ser feita com muito mais eficácia em ambientes on-line que no ambiente tradicional da sala de aula.

Todas as respostas dos alunos podem ser gravadas (incluindo as teclas pressionadas e as seleções de tela), proporcionando uma grande variedade de dados para análise. O padrão e a história da participação do aluno no curso poderão ser levados em consideração na avaliação do desempenho. Se, frequentemente, as atividades de aprendizagem em um curso envolverem a realização de atividades na forma de respostas escritas como mensagens em fóruns de discussão, conferências ou e-mail, todas essas respostas poderão ser agregadas no portfólio do aluno (seja pelo professor ou pelo próprio aluno). Os resultados das tarefas escolares e dos exames podem ser mantidos em um banco de dados e incluídos nos registros do aluno. Uma das funções mais úteis oferecidas pelos sistemas de apresentação de cursos é uma função de registros, pois torna mais fácil para o professor criá-los e mantê-los.

Embora o modelo de engajamento discutido nos capítulos anteriores favoreça as atividades escolares na forma de problemas, projetos, estudos de caso e tarefas semelhantes, certamente é possível conduzir qualquer tipo de teste ou questionário desejado. Por exemplo, testes com limitações de tempo podem ser feitos no contexto de conferências em tempo real, quando todos os alunos podem começá-los e terminá-los ao mesmo tempo. Como alternativa, as perguntas podem ser postadas em determinado momento e pede-se aos alunos que submetam suas respostas dentro de um prazo (talvez 24 horas). Várias empresas oferecem serviços on-line de testagem para escolas (por exemplo, http://www.wiziq.com/), e muitas ferramentas de testagem on-line estão disponíveis na Web (veja, por exemplo, o site http://www.4teachers.org/). Importantes testes de aptidão como o SAT também estão disponíveis para aplicação on-line (veja, por exemplo, o site: http://www.kaplan.com). O Serviço de Testes Educacionais (http://www.ets.org) é um bom site para pesquisar questões relativas à testagem on-line.

Uma das questões frequentemente associadas à avaliação on-line do aluno é a trapaça. Como saber se as respostas na tela vêm do próprio aluno, e não de outra pessoa? Em geral, isso não tem muita importância em cursos de um se-

94 | Educação on-line

mestre, porque os professores acabam conhecendo as características do aluno e devem ser capazes de detectar diferenças no comportamento de cada um deles. Em casos que envolvem exames importantes (como os testes de certificação ou de aproveitamento), os alunos fazem os exames em um local específico, onde um inspetor verifica a identificação (por exemplo, no site http://www.prometric.com/default.htm). Por fim, pode-se usar videoconferência para fazer a identificação visual do aluno. De fato, essa questão deixa de ser o foco central à medida que ela se torna mais comum.

Betty Collis: perspectiva mundial em teleaprendizagem

Embora tenha começado a carreira como professora de matemática nos Estados Unidos, durante muitos anos Betty Collis foi professora titular da Faculdade de Ciências Educacionais e Tecnológicas da University of Twente, na Holanda. Ela participou de numerosos projetos para avaliar a eficácia dos computadores nos sistemas escolares europeus e também de estudos sobre aprendizagem on-line. Já escreveu muitos livros, entre eles *TeleLearning in the Digital World* (*Teleaprendizagem no Mundo Digital*).

Para saber mais sobre seu trabalho, consulte o site: http://users.gw.utwente.nl/collis

Quando a avaliação entre os pares é utilizada nos cursos, os critérios para que os alunos avaliem os trabalhos uns dos outros devem ser definidos com clareza. Listas que apresentem cada um dos pontos avaliados, além da respectiva nota, são muito úteis. Embora os alunos possam eles mesmos gerar as notas, o professor deve ser o responsável por gravá-las e reservar-se o direito de fazer ajustes se necessário.

Conclusão

Neste capítulo, tentamos apresentar um apanhado geral das características do ensino on-line e explicar suas diferenças em relação à sala de aula tradicional. Uma das questões mais importantes para as instituições educacionais é qual a melhor maneira de treinar seus professores, antigos e novos, para o ensino on-line. Uma resposta óbvia é que os professores devem adquirir alguma experiência de aprendizagem on-line para que possam entender adequadamente como ensinar. Portanto, há uma necessidade urgente de cursos de treinamento para professores em ambientes virtuais. À medida que as gerações subsequentes de alunos que fizerem cursos on-line tornarem-se professores, essa necessidade diminuirá. A natureza do ensino on-line, no entanto, é moldada pelas tecnologias de rede e de software disponíveis, e elas mudam constantemente. Assim, o treinamento de professores para a educação on-line terá de ser contínuo, mesmo para aqueles mais experientes.

Muitas das considerações discutidas neste capítulo com respeito aos papéis de ensino e à carga horária têm importantes implicações organizacionais e de currículo, por isso trataremos dessas questões nos capítulos seguintes. Para obter mais informações sobre o ensino on-line, consulte Harasim et al. (1995), Leshin (1996), Steen et al. (1995) ou Williams (1995).

Ideias principais

- Uma das principais tarefas do professor on-line é assegurar alto nível de interação e de participação entre os alunos.
- Em cursos on-line, os professores devem dar um retorno significativo e oportuno a seus alunos.
- Uma das principais funções do professor on-line é servir de moderador e facilitador em discussões entre os alunos.
- A carga horária de ensino em um curso on-line geralmente é maior e, portanto, são necessárias algumas estratégias para lidar com essa demanda adicional.
- A competência dos professores on-line é dada por sua experiência nessa modalidade de ensino, domínio do ambiente on-line e habilidades gerais de ensino.
- O corpo docente pode colaborar no ensino on-line de diversas maneiras.
- A avaliação do aluno em cursos on-line pode ser muito abrangente, baseando-se nos registros das atividades do aluno ou em testes automatizados.

Questões para reflexão

1. Qualquer professor poderá ser um bom professor on-line?
2. Quais são as vantagens e desvantagens do ensino on-line?
3. O ensino on-line é mais difícil que o ensino tradicional?
4. Qual é a relação entre o bom ensino on-line e uma aprendizagem eficaz?
5. Como o ensino on-line afeta as relações entre os professores?
6. Quais são as novas possibilidades oferecidas pela avaliação on-line?

7

Elaboração e desenvolvimento de cursos on-line

Após a leitura deste capítulo, você entenderá:

- o que é preciso para criar um curso on-line;
- a natureza do material necessário para um currículo on-line e as ferramentas de criação disponíveis para criá-lo.

O maior desafio para alguém que vai projetar futuros sistemas consiste em oferecer a maior quantidade possível de vantagens em relação ao potencial do computador para as comunicações humanas, com um mínimo de conhecimento necessário por parte dos usuários. (Hiltz e Turoff, 1993, p. 327)

Este capítulo discute a criação de cursos on-line, incluindo metodologia de desenvolvimento, função e forma e documentação do curso, integração com as atividades no campus e seu processo de criação. Embora esse processo seja discutido em termos relativamente analíticos, na verdade, trata-se de uma atividade criativa, nem sempre de natureza racional e ordenada. Entretanto, algumas regras certamente produzem melhores resultados, e focalizaremos nelas em vez de discutirmos aspectos místicos.

Metodologia de desenvolvimento

Com o passar dos anos, os métodos para o desenvolvimento de cursos foram explorados e refinados. A metodologia mais amplamente utilizada é o Desenvolvimento de Sistemas Instrucionais (Instructional Systems Development – ISD). Embora o modelo ISD apresente muitas variações, basicamente sugere que um projeto de desenvolvimento instrucional seja dividido em cinco grandes etapas: análise, design, produção, implementação e avaliação (veja Dick e Carey, 1990; Hannum e Hansen, 1989; O'Neil, 1979). Associadas a cada uma dessas etapas existem certas técnicas, como análise de tarefas, definição de objetivos, seleção de mídia e avaliação formativa, que envolvem especificações cada vez mais detalhadas sobre a instrução a ser apresentada. De fato, o modelo ISD é uma tentativa de utilizar-se um método de engenharia para a criação de instrução baseada em planejamento de cima para baixo e em procedimentos bem-definidos.

Embora o modelo ISD não tenha sido desenvolvido especificamente para a criação de cursos on-line, ele vem sendo utilizado com esse objetivo, especialmente em grandes organizações. Sua principal virtude é a ênfase na elaboração de especificações de design, com um exame minucioso dos detalhes antes de iniciar qualquer trabalho de desenvolvimento (evitando assim o desperdício de esforços). Ao mesmo tempo, o modelo ISD incentiva uma estratégia de desenvolvimento um tanto linear que geralmente é extensa e dispendiosa para projetos no mundo real e ambientes escolares.

Uma metodologia de desenvolvimento alternativa é o minimalismo, originário do mundo das publicações técnicas de informática, e não de treinamento (veja Carroll, 1990, 1998). O minimalismo baseia-se no método de design iterativo, muito comum em informática e que envolve o desenvolvimento de protótipos. Um protótipo é desenvolvido, testado e refinado, proporcionando finalmente a base para o programa operacional. A grande vantagem do modelo iterativo é um progresso mais rápido no desenvolvimento do curso. Esse progresso, porém, geralmente é feito em detrimento de designs bem elaborados, o que acaba resultando em um produto fraco.

A página do Big Dog é um guia on-line para o ISD desenvolvido por Don Clark (http://www.nwlink.com/~donclark/hrd/sat.html).

O minimalismo sugere alguns princípios de design para instrução que são bem diferentes daqueles geralmente associados ao ISD. Por exemplo, recomenda-se identificar metas para uma tarefa de aprendizagem, sem necessariamente delinear todas as etapas intermediárias. Com o ISD, todas as etapas necessárias para realizar uma tarefa são delineadas. O minimalismo enfatiza a importância de incluir informações sobre o erro (o que fazer quando algo dá errado), o que não acontece no modelo ISD. O minimalismo também propõe que as tarefas de aprendizagem devam estar intimamente integradas com o sistema a ser aprendido, enquanto o ISD não trata do contexto da aprendizagem.

ISD e minimalismo representam duas metodologias bem estabelecidas para o desenvolvimento de instrução (nenhum dos dois é específico para a criação de cursos on-line). Um desenvolvedor poderá escolher seguir um desses modelos, ou nenhum deles. Tais modelos, no entanto, oferecem procedimentos que já foram seguidos muitas vezes e aumentam as chances de se produzir uma instrução bem-sucedida. Por essa razão, recomenda-se que desenvolvedores novatos tentem seguir um modelo estabelecido como o ISD ou o minimalismo até estarem certos de que possuem um modelo melhor.

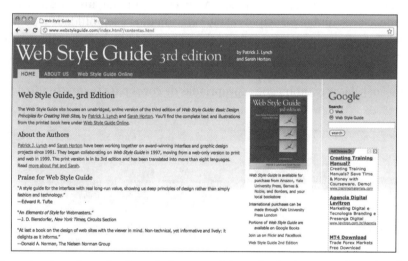

Vários guias de estilo estão disponíveis para a elaboração de sites na Web, incluindo aquele desenvolvido pelo Center of Advanced Instructional Media da Yale University (http://info.med.yale.edu/caim/manual/contentas.html).

Forma e função

Metodologias de desenvolvimento como o ISD e o minimalismo oferecem uma série de diretrizes baseadas em considerações instrucionais (por exemplo, veja Briggs, Gustafson e Tillman, 1991; Leshin, Pollock e Reigeluth, 1992). A criação de cursos on-line, no entanto, envolve pelo menos duas outras categorias de princípios de design: usabilidade (função) e estética (forma).

A usabilidade refere-se à facilidade de utilização do programa. Os fatores humanos (também chamados ergonomia), a disciplina voltada à usabilidade, têm toda uma subárea dedicada à usabilidade de sistemas computacionais (por exemplo, veja Galitz, 1997; Hix e Hartson, 1995; Shneiderman, 1998). Os princípios da usabilidade incluem regras como: 1) sempre faça o sistema reconhecer a entrada de dados (*input*) feita pelo usuário; 2) permita ao usuário, e não ao sistema, estabelecer o ritmo; 3) facilite para a recuperação dos dados por parte do usuário após os erros (função desfazer); 4) proporcione múltiplos métodos de entrada de dados, tais como indicar e digitar; 5) sempre ofereça as seleções-padrão (*default*). Princípios como estes são baseados em pesquisas de fatores humanos que observaram como as pessoas aprendem melhor e por que cometem erros quando usam o computador (consulte o site http://www.useit.com).

Os princípios da usabilidade têm a ver principalmente com a interatividade e o processamento das ações do usuário. O design de software, no entanto, apresenta outro lado: o design de tela. Embora o design de tela seja em grande parte uma questão de estética, nele também estão envolvidos alguns aspectos de usabilidade. Os seguintes princípios estão relacionados à legibilidade e ao layout das telas: 1) usar uma quantidade e seleção apropriada de fontes tipográficas; 2) utilizar com parcimônia os dispositivos atencionais; 3) evitar a poluição da tela com muitas informações; 4) usar títulos e cabeçalhos para organizar a informação; 5) usar combinações apropriadas de cores para texto e fundo de tela.

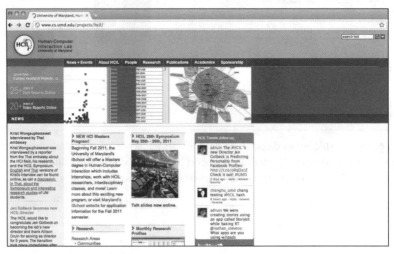

Vários laboratórios de pesquisa nos Estados Unidos estudam a usabilidade dos computadores, entre eles o Human-Computer Interaction Laboratory da University of Maryland (http://www.cs.umd.edu/projects/hcil).

Outra consideração sobre design é a criação de programas e sites na Web que possam ser utilizados por indivíduos com deficiência. Nesse caso, a principal preocupação é garantir que todas as funções de entrada e saída (*input* e *output*) permitam modos de processamento alternativos, como movimento do cursor via teclado em vez do mouse, ampliação dos displays da tela, conversão de texto em fala e assim por diante. O desenvolvedor deve verificar se um programa funciona com funções embutidas no sistema, como no Microsoft Windows Accessibility e nas principais categorias de tecnologia assistiva. Para sites e páginas Web, certas regras devem ser seguidas em relação a HTML (como o uso do campo "ALT Text" para todos os gráficos). O Centro de Tecnologia Especial Aplicada (The Center for Applied Special Technology – CAST) apresenta diretrizes de webdesign para acesso universal, além de seu sistema "Bobby" de verificação e validação (veja o site http://www.cast.org). Outro site útil para diretrizes em webdesign e discussões sobre acesso universal encontra-se disponível em http://www.w3c.org.

A estética do display da tela tem a ver com o modo como a informação é apresentada e organizada. Algumas considerações incluem o uso de gráficos e cores, escolhas de fonte e como o texto é organizado. Os princípios estéticos têm por objetivo atrair a atenção do usuário, motivá-lo a aprender e criar entusiasmo em relação ao programa. Quando um curso é dado em um ambiente de autoaprendizagem, ele precisa sustentar o interesse do aluno por um longo período. As considerações estéticas também se estendem ao uso de som, animação e outros elementos multimídia (veja Boyle e Boyle, 1996; Druin e Solomon, 1996; Howlett, 1995).

A maioria das grandes faculdades e universidades possui um centro de tecnologia instrucional, suporte técnico em EaD, apoio técnico em informática que dá apoio às atividades de desenvolvimento do corpo docente. Um exemplo é o Academic Technologies for Learning da University of Alberta (http://www.ttc.ualberta.ca/).

102 | Educação on-line

Um bom design significa alcançar um equilíbrio entre usabilidade e estética. Todos querem um programa ou site na Web que seja tanto fácil de usar como visualmente interessante e altamente motivador. A dificuldade em realizar essa combinação é uma das razões de haver um número relativamente pequeno de programas e sites de ótima qualidade.

Trabalho em grupo

Uma das principais diferenças entre o material para cursos on-line e o material impresso tradicional (como livros-textos e apostilas) é a necessidade do trabalho em grupo. É difícil para uma única pessoa ter o conjunto de aptidões e tempo necessários para desenvolver um curso on-line. Para começar, a elaboração de um curso virtual deve partir de uma cuidadosa análise da população de estudantes para determinar não só o que eles precisam/querem aprender, mas também a natureza de suas capacidades computacionais e do ambiente de aprendizagem. Muitas vezes certas suposições sobre conhecimentos de informática ou acessibilidade não são válidos e limitam o sucesso de um curso on--line. Esses dados sobre avaliação de necessidades normalmente são coletados por profissionais de design instrucional como parte da rotina de suas atividades de design (mas raramente por especialistas nas disciplinas ou professores, quando eles próprios criam seus cursos).

Mesmo que o corpo docente seja composto por especialistas familiarizados com o modo como o conteúdo das disciplinas deve ser ensinado, geralmente ele possui pouca experiência no desenvolvimento de material para aprendizagem on-line. Um designer instrucional poderá trabalhar com membros do corpo docente para desenvolver os vários componentes do curso na forma mais adequada. A maioria das universidades e organizações possui grupos de tecnologia instrucional que oferecem esse tipo de suporte ou contratam consultores externos.

A maior parte dos cursos on-line exige (ou se beneficia de) gráficos na forma de ilustrações, diagramas, ícones e fundos de tela. A incorporação desses elementos envolve conhecimentos de design gráfico e de software gráfico. Além disso, se o curso tiver elementos de áudio ou vídeo, será necessário contratar uma pessoa com formação em produção de multimídia. Do mesmo modo, a criação de animações ou simulações exigirá uma ajuda especial na programação.

Embora a maior parte das ferramentas de software usadas em um curso on--line (conforme descrito no Capítulo 3) possa ser comprada ou adquirida para uso imediato, elas ainda precisam ser implementadas em um servidor específico, e essa instalação geralmente envolve algum esforço de depuração. Portanto, o suporte técnico é necessário, seja ele feito por alguém que esteja dentro da instituição ou pelo próprio fabricante. Para que os professores possam montar o ambiente de aprendizagem on-line, deixando-o do modo como querem, devem trabalhar em conjunto com o pessoal de suporte técnico.

O mais importante é que o desenvolvimento de um curso on-line normalmente envolve o esforço conjugado de numerosos especialistas, incluindo profissionais de design instrucional, design gráfico e multimídia, e analistas/programadores de sistema. Embora seja possível que um professor crie sozinho cursos inteiros, essa tarefa exige um enorme investimento de tempo e disposição para aprender muitos aspectos do design instrucional e da implementação de software. Por isso, a maioria deles prefere concentrar-se no conteúdo do curso e deixar o restante do trabalho para outros profissionais.

Documentos do curso

Diversos documentos podem ser usados para organizar e estruturar um curso. O mais comum é uma ementa que inclua metas e objetivos, discussão de pré-requisitos para o curso, um esboço das atividades e horários de aula, descrição do sistema de notas e métodos de avaliação, além de uma lista de textos ou leituras e uma bibliografia. Esse documento também deve informar os alunos onde obter ajuda (técnica, sobre conteúdo ou aconselhamento) caso necessário. A ementa é o esquema do curso e apresenta aos alunos as informações essenciais de que necessitam. Ementas para cursos on-line não são diferentes daquelas de aulas tradicionais, a não ser pelo fato de que podem incluir links para recursos relevantes ao conteúdo do curso.

Exemplo de plano de aula da Lesson Plan Exchange no site Engaging Science (http://www.engagingscience.org/).

Outro documento importante é o plano de aula, que descreve como o professor planeja conduzir a aula. O plano de aula é de natureza semelhante à ementa e inclui a descrição de metas e objetivos, pré-requisitos, atividades de aula e métodos de avaliação. Entretanto, os planos de aula geralmente são mais detalhados em termos de atividades de aula, pois identificam ações específicas a serem desempenhadas pelo professor, incluindo as etapas de preparação de aula. Planos de aula devem mostrar que os objetivos ou resultados da aprendizagem estejam de acordo com o que foi estabelecido pelas diretrizes do currículo oficial.

Um terceiro documento igualmente importante é o guia de estudo, que serve para ajudar os alunos a entender melhor o conteúdo do curso. Em geral, ele oferece explicações e exemplos adicionais sobre o assunto, bem como problemas e exercícios práticos (com respostas). Normalmente, os guias de estudo são fornecidos em cursos a distância a fim de integrarem outros materiais de curso e atividades. Eles também podem conter aulas ou apresentações na forma de *slideshows* ou segmentos de áudio/vídeo.

Os três documentos descritos (ementa, plano de aula e guia de estudo) são componentes rotineiros em programas instrucionais e não são exclusivos de cursos on-line.

Um dos aspectos que se tornam importantes quando se integram atividades no campus e on-line são as salas de aula eletrônicas (veja o site: http://www.ttc.ualberta.ca/).

Recentemente, foram desenvolvidos padrões para material instrucional de uso na internet com o objetivo de facilitar o compartilhamento de cursos entre instituições. Um deles são os Sistemas de Gerenciamento Instrucional (Instructional Management Systems – IMS), uma parceria entre muitas corporações e agências do governo hospedada pelo EduCause (consulte o site: http://www.imsproject.org). A ideia principal por trás do padrão IMS é desenvolver um conjunto de descritores de curso (chamados metadados) a ser utilizado por todas as organizações a fim de documentar seus cursos on-line. Descritores típicos incluem tópicos/disciplinas, objetivos, disponibilidade, autor(es), pré-requisitos, extensão do curso, exigências de hardware/software e dados de avaliação disponíveis. Aderindo-se ao mesmo padrão, é possível criar bancos de dados com informações sobre cursos que sejam significativos e possam ser facilmente pesquisados – preparando o caminho para o compartilhamento de cursos entre instituições.

A criação de alguma forma de especificação para cursos on-line (seja no formato IMS ou não) é uma boa ideia para desenvolvimento em grande escala. Essas especificações facilitam a coordenação entre a equipe de desenvolvimento e também a conservação (revisões) dos cursos durante sua vigência. As especificações também podem ajudar a garantir que todo o material do curso tenha uma identidade visual em comum e contenha os mesmos elementos essenciais. Assim é possível desempenhar um importante papel no controle de qualidade (veja o Capítulo 9).

Integração de atividades on-line e presenciais

Como regra, a maioria dos cursos e programas on-line envolve algumas atividades no campus. Essas atividades podem incluir sessões de orientação, laboratórios para prática, exames, palestras ou grupos de discussão. Muitos professores e alunos não se sentem confortáveis ao ministrar um curso inteiro sem algum tipo de contato pessoal, mesmo que esse contato seja apenas de natureza social. Além disso, alguns cursos envolvem atividades práticas ou interpessoais (por exemplo, cirurgia, reparo de motores, dramaturgia) que requerem instalações ou interações físicas. Também é benéfico para os alunos receber treinamento em ferramentas de software em um laboratório no campus, com a presença de um professor para dar-lhes assistência imediata.

Em um esquema típico, os alunos comparecem a uma aula no campus no começo do semestre, outra no meio e uma terceira no final do curso (que poderá envolver a realização de um exame). Muitos programas de graduação possuem apenas uma aula no campus no começo de cada trimestre ou semestre, ou ainda uma sessão anual de uma semana no verão.[1] A frequência de aulas no campus será ditada pela natureza do currículo (necessidade de prática ou de inte-

---

[1] No Brasil, existem as universidade abertas ou UABs nas quais os aluno vão ao campus, na maioria dos casos, duas a três vezes por semestre para a realização das avaliações. (NRT)

ração pessoal) e pelo nível educacional. Sabe-se que alunos de pós-graduação precisam de pouca interação pessoal, enquanto alunos mais jovens (especialmente os do ensino fundamental) requerem-na mais.

Fatores práticos a serem considerados nas atividades no campus são o custo e a inconveniência para o aluno. Considerando-se que é comum estudantes de lugares distantes se matricularem em cursos on-line (especialmente no caso de alunos estrangeiros), qualquer atividade no campus poderia envolver viagens longas e despesas substanciais. Além disso, alguns alunos fazem cursos on-line porque os cursos no campus são problemáticos em termos de mobilidade (por exemplo, indivíduos com necessidades especiais) ou de horário. Com base nesses fatores, as atividades no campus devem ser minimizadas. O ideal é que sejam oferecidas como opções para aqueles que não queiram comparecer.

De fato, há uma tendência a eliminar todas as atividades no campus de programas on-line. Para fazê-lo, o ambiente virtual de aprendizagem precisa ser bem sofisticado e oferecer todas as funções que normalmente seriam conduzidas no campus – matrícula, orientação, encomenda de livros, informações sobre auxílio financeiro e assim por diante. Esse ambiente também deve cuidar de atividades não acadêmicas, como clubes, grupos de apoio e organizações de serviços. É claro que algumas funções, como esportes, festas e alimentação, não têm correspondentes on-line (para o bem ou para o mal). Adiante, discutiremos as implicações dessa tendência para programas totalmente on-line.

Tudo o que um professor precisa saber sobre a criação de sites na Web pode ser encontrado on-line. O TeacherWeb (http://www.teacherweb.com/) oferece uma breve introdução à Web.

A elaboração de cursos

No final do Capítulo 3, tratamos brevemente das ferramentas para a criação de cursos on-line. A ferramenta mais utilizada pela maioria dos professores é o processador de texto porque os principais documentos do curso (ementas, planos de aula e guias de estudo) são arquivos de texto. Como as versões atuais de todos os processadores de texto permitem que os documentos sejam gravados no formato HTML, criar documentos para a Web não requer nenhum esforço especial. Se esses documentos envolverem gráficos, fotografias ou *slideshows*, será necessário usar ferramentas adicionais de software, aplicativos comuns que qualquer usuário de computador poderá aprender a utilizar. Se a instituição tiver serviços de suporte instrucional, esses componentes adicionais poderão ser criados por profissionais de designer gráfico ou especialistas em multimídia. Cursos que envolvem simulações com sequências interativas complexas, para testes ou exercícios, requerem programação de fato, com o uso de linguagens como C, Perl, Visual Basic ou Java. Essa programação deve ser feita por um programador, e não pelo professor. Igualmente, para o caso de animações ou sequências de multimídia, estas devem ser criadas por desenvolvedores de multimídia utilizando-se software e hardware de produção apropriados. É possível que os professores possam aprender a criar essas apresentações mais avançadas, mas poucos teriam inclinação ou tempo para fazê-lo. Um desenvolvimento interessante é a emergência dos *applets* Java, que incluem pequenos programas instrucionais que podem ser baixados e incorporados em páginas Web (por exemplo, veja o site do Multimedia Educational Resource for Online Learning and Teaching – MERLOT em http:// www.merlot.org).

A maioria dos ambientes de apresentação para cursos atualmente em uso (por exemplo, Moodle, BlackBoard, LearningSpace, TopClass, FirstClass) oferece recursos de edição para a montagem de fóruns de discussão, áreas de *upload/download*, registros de alunos, horários das aulas e boletim de notas. Isso significa que a organização e o layout da interface do curso podem ser administrados pelos professores, se assim o desejarem. Em muitos casos, porém, um administrador de curso cuidará dessas tarefas após consulta com o professor no começo do semestre. O administrador do curso garantirá que este seja montado de acordo com as normas escolares ou institucionais e que nenhum elemento importante seja desprezado.

Uma ferramenta de desenvolvimento e apresentação para Web muito utilizada é o RealMedia da Real Networks, Inc. (http://www.real.com). O RealMedia é um conjunto de aplicativos para Web que permite que segmentos multimídia (áudio ou vídeo) sejam baixados em pequenos *bursts* (mídia em *streaming*), possibilitando-se rodá-los mesmo quando a largura de banda é limitada (por exemplo, em linhas discadas com modens 28.8). Uma das versões das ferramentas RealMedia permite *slideshows* narrados e com slides e áudio baixados ao mesmo tempo. Os professores costumam usar o RealMedia para apresentar palestras curtas ou tutoriais. Já os executivos utilizam o RealMedia para dar instruções e fazer apresentações em conferências como parte de reuniões virtuais.

O maior problema no desenvolvimento de cursos on-line provavelmente não seria sua criação inicial, mas as revisões e atualizações subsequentes. Mesmo quando o conteúdo de um curso não exige muitas mudanças, vários pequenos detalhes, como datas, referências, URLs e nomes, precisarão ser revisados. Às vezes é difícil localizar os arquivos originais do curso (em que máquina e disco rígido foram feitos?) ou descobrir como foram organizados. Em muitos casos, a pessoa que depois revisa e dá o curso não é a mesma que o apresentou originalmente. Por todas essas razões, é altamente desejável que os arquivos do curso sejam mantidos por um único indivíduo (o administrador do curso, por exemplo) em um só sistema, usando um formato-padrão. Em muitos ambientes educacionais, isso pode parecer um sonho inatingível, mas que pode ser realizado.

Para obter mais informações sobre o desenvolvimento de cursos baseados na Web, veja Duchastel (1996-1997), Khan (1997) ou McCormack e Jones (1997). Antes de considerar o desenvolvimento dos cursos on-line, é útil estudar o design de cursos existentes (por exemplo, http://www.valdosta.edu/ ~rbarnett/phi/phicyber/, http://papyr.com/learning/ ou http://home.sprynet.com/ ~gkearsley/allen.htm).

Qualidade do curso

Todos os fatores discutidos neste e em capítulos anteriores são ingredientes de cursos on-line de boa qualidade. Segue um breve resumo dos dez elementos mais importantes:

1. **Conteúdo**: apesar do brilho e das engenhocas da tecnologia, o aspecto mais importante de qualquer curso on-line é o conteúdo – se ele é pertinente, preciso, atualizado e atraente. A informação fornecida deve ser aquilo de que os alunos precisam/querem saber, deve ser válida e confiável, diversificada e apresentar profundidade.

2. **Pedagogia**: a natureza das estratégias de aprendizagem e das atividades empregadas no curso devem ser apropriadas para a disciplina oferecida e para os alunos. Independentemente do método, as atividades de aprendizagem devem ter a participação do aluno.

3. **Motivação**: os alunos devem ser motivados a aprender – uma função do conteúdo interessante e da participação ativa no curso (engajamento).

4. Feedback: os alunos precisam receber um retorno oportuno sobre seu progresso – quanto mais, melhor. O ideal é poderem verificar, a qualquer momento, seu progresso no curso.

5. Coordenação/organização: o material e as atividades do curso devem ser bem organizados e coordenados. Deve ficar claro para os alunos o que eles têm de fazer, quando, onde e por quê.

6. Usabilidade: todos os aspectos de qualquer curso on-line devem ser fáceis de usar. Esse elemento é simples de enunciar, mas geralmente difícil de realizar.

7. Assistência: a assistência deve estar disponível – tanto on-line como off-line (telefone, pessoal) – para resolver problemas relativos a conteúdo, tecnologia ou logística.

8. Avaliação: as normas e procedimentos para atribuição de notas e avaliações em atividades e tarefas do curso devem ser explicitamente descritas e executadas.

9. Carga horária: a quantidade e a natureza das atividades devem ser apropriadas para o tipo e o nível do curso.

10. Flexibilidade: alunos têm diferentes interesses, formações e aptidões. O curso deve acomodar essa diversidade oferecendo escolhas/opções em atividades de aprendizagem e na avaliação.

Ironicamente, a maior parte desses fatores tem pouco a ver com computadores ou redes – aplicam-se tanto ao ensino convencional como a cursos on-line!

Judi Harris: mentoria on-line

Judi Harris é professora da Faculdade de educação da William and Mary University. Seu foco é ensinar professores do ensino fundamental a usar a internet na sala de aula. Ela já escreveu muitos guias sobre esse assunto, todos publicados pela ITSE e ASCD. Harris também dirige o projeto Electronic Emissary, um esforço para conectar estudantes e especialistas via internet. Ela o considera um exemplo de telementoração.

Para saber mais sobre Judi Harris, veja o site: http://education.wm.edu/ourfacultystaff/faculty/harris_j.php. A página do projeto Electronic Emissary é http://www.tapr.org/emissary/index.html.

Conclusão

Criar cursos on-line pode ser muito simples ou bastante complexo, dependendo da escala e das ferramentas de criação disponíveis. Um curso desenvolvido para uso individual em uma única escola, por um único professor, envolverá um nível diferente de esforço de um curso a ser utilizado por milhares de pessoas de uma grande organização. Nesse último caso, certamente deve ser seguida uma metodologia de desenvolvimento bem estabelecida a fim de garantir-se o controle de qualidade e minimizar custos. Em qualquer projeto de curso, deve-se atingir um equilíbrio entre usabilidade e estética. O curso ideal funcionará bem e será atraente.

Em virtude da amplitude de habilidades necessárias para estudar on-line, esses cursos normalmente são desenvolvidos por pequenas equipes que envolvem profissionais de design instrucional, especialistas em multimídia, programadores e analistas de sistema trabalhando com o professor ou especialista na matéria. Documentos fundamentais que precisam ser desenvolvidos para o curso incluem ementas, planos de aula, guias de estudo e uma especificação instrucional. Esses importantes documentos podem ser criados com um processador de texto, que é a principal ferramenta de criação para cursos on-line.[2] Muitos outros softwares podem ser necessários, mas provavelmente serão usados por membros da equipe de desenvolvimento, e não pelo professor.

Criar cursos on-line na verdade não é diferente de desenvolver qualquer outro material instrucional – requer uma combinação de criatividade, ambição, autodisciplina e trabalho em grupo a fim de produzir-se algo que possa ser bem-sucedido. Na verdade, os fatores que determinam a qualidade de cursos on-line são os mesmos das aulas convencionais.

Ideias principais

- O desenvolvimento de um curso pode ser mais eficiente se seguir uma metodologia instrucional bem-definida, como o ISD ou o minimalismo.
- Cursos on-line devem ter uma boa forma (estética) e função (usabilidade).
- O trabalho em equipe normalmente é necessário para o desenvolvimento de cursos on-line.
- Documentos como ementas, planos de aula e guias de estudo ajudam a organizar cursos on-line.
- A integração de cursos on-line com atividades no campus depende da natureza da aprendizagem envolvida.
- O processo de criação para cursos on-line envolve diversas ferramentas projetadas para professores, programadores e administradores de sistema.
- Alguns aspectos críticos para a qualidade do curso são conteúdo, pedagogia, motivação, *feedback*, organização, usabilidade, assistência, avaliação, carga horária e flexibilidade.

---

[2] Hoje, temos ambientes virtuais de aprendizagem nos quais se podem criar cursos diretamente. (NRT)

Questões para reflexão

1. Qualquer professor pode criar um curso on-line?
2. Na sua opinião, qual é o aspecto mais difícil na criação de um curso on-line?
3. Quais fatores afetam o tempo de criação de um curso on-line?
4. Das duas metodologias de desenvolvimento descritas (ISD e minimalismo), qual é mais atraente?
5. Você acredita que a maioria dos cursos possa ser administrada completamente on-line?
6. Qual é o papel do editor no desenvolvimento de cursos on-line?

8

Organizações e rede

Após a leitura deste capítulo, você entenderá:

- as transformações organizacionais que a educação on-line acarreta em termos de instalações, empregos, normas, procedimentos e liderança;
- como a educação on-line afeta as relações entre instituições.

Em nossa opinião, o uso e as consequências do desenvolvimento de sistemas informatizados dependem do modo como o mundo funciona. No entanto, os sistemas podem, lenta, mas inexoravelmente, mudar esse modo – e as consequências serão muitas vezes imprevisíveis. Uma questão fundamental é como entender as oportunidades e os dilemas sociais da informatização sem ser seduzido pelas simplificações sociais de um romantismo utópico ou desencorajado por pesadelos antiutópicos. Ambas as imagens são por demais simplistas. (Dunlop e Kling, 1996, p. 29)

Nos capítulos anteriores, tratamos das mudanças que a educação on-line traz para alunos e professores individualmente. No entanto, uma transformação ainda maior envolve instituições educacionais e organizações com fins educacionais (como os departamentos de treinamento das empresas). A educação on-line traz consigo novos papéis, responsabilidades, normas e procedimentos, além de novas missões e metas. Não é por acaso que a introdução da tecnologia costuma ocorrer simultaneamente a uma reestruturação institucional.

Neste capítulo, examinaremos algumas ramificações organizacionais da educação on-line, incluindo mudanças nas instalações físicas e no quadro de funcionários, padrões de estudo/trabalho, relações de poder e competição/cooperação entre instituições.

Instalações físicas e equipe de suporte

Comecemos nossa discussão com um dos aspectos mais comuns, porém fundamentais, das mudanças organizacionais provocadas pela tecnologia de rede: como ela afeta as instalações e a infraestrutura físicas. Para participar de atividades on-line, todos os alunos e funcionários precisam de fácil acesso a computadores em rede e, para ter acesso a elas no campus, normalmente são necessários computadores em laboratórios conectados a redes locais, que, por sua vez, apresentam uma conexão de alta velocidade à internet (como a linha DSL). Além disso, computadores em dormitórios, bibliotecas e salas de aula também precisarão conectar-se à rede local (ou ter as próprias redes). Criar esse tipo de rede no campus significa que cada máquina deve ter uma placa apropriada para rede, o cabeamento necessário deve percorrer os prédios e os computadores da rede devem ter software configurado para a rede e a internet. Impressoras e vários dispositivos de armazenagem terão de estar conectados a diferentes computadores da rede. E também é preciso considerar as funções multimídia (veja Szuprowicz, 1995).

Em muitos casos, empresas que fornecem serviços de rede são as melhores fontes de informação técnica atualizada, como no site da HP (http://h17007.www1.hp.com/us/en/).

Para complicar ainda mais, a maioria dos alunos e funcionários vai querer acessar, de casa, o sistema da instituição, usando o próprio computador. Isso significa que o sistema precisará de portas para discagem que permitam aos usuários fazer a conexão via telefone, utilizando diferentes programas de telecomunicações. À medida que mais alunos e funcionários se envolvem em cursos on-line, a necessidade de suporte para usuários remotos conectados via discagem telefônica[1] torna-se premente e pode exigir centenas de portas e muitas linhas de telefone em uma instituição educacional de grande porte. Determinar que os usuários tenham contas em provedores é uma das maneiras de mi-

---

[1] No Brasil, cerca de 15% da população com acesso a internet utiliza linha discada. (NRT)

nimizar o problema, pois reduz a necessidade de diversas conexões discadas na instituição. Quando são utilizados aplicativos de multimídia e de videoconferência, uma largura de banda suficiente para os usuários remotos torna-se um grande problema.

O uso de uma rede faz surgir questões adicionais, como segurança, proteção contra vírus, *backups* (cópias) e compartilhamento de arquivos. Embora todas essas questões estejam relacionadas ao uso do computador em si, uma vez em rede as pessoas enfrentam um contexto diferente. Por exemplo, raramente alguém se preocupa com uma "invasão" em seu computador; porém, uma vez conectado a uma rede, imediatamente surge a preocupação com *hackers* que poderão ter acesso remoto a arquivos pessoais. Igualmente, o acesso privado a informações contidas em um computador é algo bem diferente do acesso público a informações hospedadas em um servidor. Portanto, há uma série de questões que precisam ser consideradas quando as pessoas tornam-se usuárias de rede (veja Denning e Denning, 1998; Neumann, 1995).

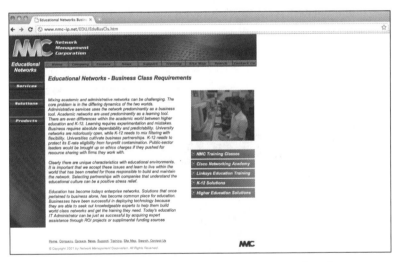

Algumas empresas, como a Network Management Corporation (http://www.nmc-ip.net/EDU/EduBusCls.htm), oferecem soluções completas para redes educacionais, reduzindo a necessidade de conhecimento técnico por parte das escolas.

A instalação e a sustentação desses recursos de rede necessitam de diversos profissionais e muito dinheiro. No caso de pequenos sistemas escolares, a falta de ambos pode ser um grande obstáculo. O custo de múltiplas linhas telefônicas é um grande problema para algumas escolas. Nos Estados Unidos, a Lei de Telecomunicações de 1996 inclui um programa subsidiário (o "E-rate") que pretende reduzir o custo de serviços de telecomunicações para as escolas; no entanto, até agora esse subsídio teve pouco efeito prático. Encontrar profissionais qualificados também é um problema. As diretorias de ensino talvez tenham apenas um ou dois técnicos de rede ou engenheiros de sistema para implementar e fazer funcionar suas redes.[2] Mesmo no caso de grandes instituições, como universidades e corporações, ter um número suficiente de profissionais de rede costuma ser uma limitação para a operação eficaz dessas redes.

Além de técnicos em rede, também é necessário uma equipe de suporte para ajudar os usuários a se conectar e resolver problemas. Toda vez que as pessoas adicionarem novos hardwares e softwares a seus sistemas, provavelmente precisarão de ajuda para reconfigurá-los para a rede. Aqueles que não estão familiarizados com computadores ou aplicativos de rede precisarão de orientação e treinamento. *Workshops* e seminários podem servir para orientação e treinamento básicos, mas, em determinados casos, é necessário que seja dada atenção pessoal ao usuário. Muitos cursos para autoaprendizagem disponíveis comercialmente, alguns on-line, outros em CD-ROM, são elaborados para ensinar o básico sobre sistemas operacionais e aplicativos. Várias corporações encorajam seus funcionários a fazer esses cursos a fim de suprir suas necessidades de conhecimentos em informática.

Encontrar um bom provedor de serviços para internet é um aspecto muito importante da educação on-line. O site List (http://www.thelist.com) poderá ajudá-lo nessa decisão.[3]

---

[2] No Brasil, temos os técnicos e o suporte das secretarias, porém o número de pessoas que atendem as demandas varia de escola para escola e de região para região. (NRT)

[3] Aqui, não temos um site específico para a escolha de provedores. (NRT)

Organizações e rede | 117

Resumindo, capacitar uma organização com tecnologia de rede envolve várias considerações associadas a instalações físicas e infraestrutura, incluindo espaço para equipamentos, fiação em prédios, conexões telefônicas, equipes de suporte e treinamento do usuário. Será necessário muito planejamento, com o envolvimento de várias partes (usuários, profissionais especializados e empresas), e tudo isso requer bastante tempo administrativo e atenção.

Padrões de estudo e trabalho

A educação on-line proporciona muita flexibilidade em termos de onde e quando as pessoas trabalham, especialmente se houver uma interação assíncrona. No caso dos alunos, o estudo e a participação na aula podem ser feitos em casa, no final da tarde ou nos fins de semana. O corpo docente também não precisa estar no campus para ensinar – pode fazê-lo em casa, de acordo com o próprio horário de trabalho. Além disso, é possível estudar ou trabalhar enquanto se viaja, confinado em um hospital ou mesmo em férias – contanto que se tenha um computador e acesso a uma linha telefônica.

Essa flexibilidade para o local de estudo ou ensino reduz a importância das instalações educacionais tradicionais, como salas de aula, bibliotecas, escritórios e salas de reunião. Teoricamente, uma escola que fizesse uso extensivo da educação on-line não precisaria do tipo de instalações que uma instituição tradicional deve ter – ou serviços como estacionamento, lanchonetes e ginásios de esporte. Portanto, o fato de os alunos e o corpo docente trabalharem fora do campus, em locais de sua escolha, significa que a instituição educacional pode ser operada com menos instalações físicas, reduzindo assim as despesas gerais. Ao mesmo tempo, outros recursos devem ser dedicados a instalações para computadores e rede, conforme discutido na seção anterior.

Como funcionários e alunos passarão menos tempo no campus, torna-se mais difícil agendar atividades que demandem contato pessoal, o que força a necessidade do contato eletrônico. Assim, a tendência à interação on-line atrai mais interação on-line. O agendamento de reuniões e aulas no campus deve ser formalizado, pois encontros casuais (encontrar com alguém nos corredores) serão menos prováveis. Paradoxalmente, as pessoas poderão ter um nível mais alto de contato, uma vez que passem a utilizar a interação on-line (e-mail, conferência), mesmo que haja menos interação pessoal. Como é relativamente fácil incluir pessoas em uma mensagem de e-mail ou em uma conexão para conferência, são maiores as chances de comunicação em um grupo on-line que em ambientes tradicionais.

Duas áreas mais frágeis para a interação on-line, entretanto, são a supervisão e o gerenciamento. Muitos indivíduos que têm responsabilidades supervisionais ou gerenciais sobre outros (diretores de faculdades, chefes de departamento, diretores de escola, orientadores de teses) não se sentem confortáveis conduzindo essas atividades integralmente na forma eletrônica. Embora seja muito fácil rastrear o trabalho de alguém em um ambiente on-line (por exemplo, com registros de conexão, compartilhamento de arquivo ou tela), geralmente é difícil resolver disputas ou conflitos dessa maneira. A maioria das pessoas prefere tratar desses aspectos de supervisão e gerenciamento por meio de encontros pessoais. Também é difícil obter um quadro geral do progresso ou da condição de alguém apenas a partir de interação on-line. Consequentemente, a maioria dos supervisores e administradores prefere ter reuniões periódicas com seus funcionários, mesmo que a maior parte do trabalho possa ser feita on-line.

O fato de os alunos e funcionários não precisarem estar no campus o tempo todo altera padrões de transporte, compras e serviços da comunidade. Haverá menos viagens de casa para a escola e é mais provável que as compras sejam feitas perto de casa, e não perto da escola. No entanto, as pessoas utilizarão serviços on-line para comprar livros, material ou software, reduzindo a necessidade de compras locais. A necessidade de serviços de creche também poderá ser reduzida se funcionários e alunos puderem trabalhar em casa. Embora seja provável que a educação eletrônica venha a ter um impacto significativo nos padrões de comportamento urbano, cada ambiente local apresentará as próprias acomodações. É muito difícil prever efeitos gerais.

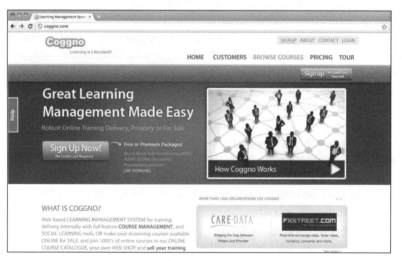

A criação de um campus on-line envolve a definição de como alunos, corpo docente e funcionários da administração vão interagir. A Coggno (http://coggno.com) é um exemplo de serviço comercial que oferece ambientes de aprendizagem on-line.

Muitos elementos tradicionais da educação serão, sem dúvida, afetados. Por exemplo, o transporte escolar é um elemento obrigatório para estudantes do ensino fundamental. Portanto, se uma parcela substancial de alunos de uma jurisdição escolar tiver suas aulas on-line, a necessidade de transporte será bem menor. Enquanto ainda houver aulas e atividades no campus, o transporte escolar será necessário, mas talvez para um pequeno número de estudantes, com menos frequência e horários mais variável. Também serão afetados os serviços voltados para a alimentação, atividades esportivas e extracurriculares e bibliotecas. A transição de uma instituição que funciona no campus em tempo integral para um regime de meio período, predominantemente fora do campus, será difícil para a maioria das escolas.

Relações de poder

Um dos aspectos que a interação on-line altera consideravelmente são as relações de autoridade e poder (veja Davenport, 1997; Dunlop e Kling, 1996; Sproul e Kiesler, 1991). Quando a informação é comunicada por meios físicos (incluindo telefone e fax), os vínculos de autoridade podem ser mantidos por meio de inspetores. No entanto, a interação on-line via e-mail e conferências tende a ignorar esses canais, permitindo livre contato entre as pessoas. De fato, na maioria dos sistemas não há razão para que um aluno não possa enviar uma mensagem diretamente para o diretor (se ele ou ela puder descobrir o endereço de e-mail). Do mesmo modo, o funcionário de um departamento poderá contatar o colega de outro departamento (ou talvez todos os funcionários da organização) sem passar por supervisores ou administradores. Além disso, todas as mensagens on-line têm o mesmo aspecto, sem indicadores de posição ou prestígio. Em uma classe on-line, todos os alunos têm voz, tanto como o professor; não há posição dominante em sala de aula. A interação on-line é um verdadeiro equalizador no que diz respeito às relações de poder, usurpando do professor ou gestor o papel tradicional de autoridade.

Como consequência desse fenômeno, os indivíduos de uma organização tendem a ser reconhecidos pela sua competência (conforme suas atividades on-line), e não de acordo com as medidas tradicionais de tempo de casa ou cargo. Funcionários que têm muito conhecimento ou que são especialmente prestativos com os outros em um ambiente on-line são frequentemente consultados e conquistam uma boa reputação na organização. (Isso também acontece nos cursos, entre os alunos.) No entanto, aqueles que não marcam presença on-line perdem autoridade na organização, mesmo que se comuniquem por papel. A cadeia de comando tende a seguir os padrões de comunicação da organização, que assumem novos caminhos com a interação eletrônica.

À medida que o ambiente on-line torna-se mais presente, pessoas com conhecimento sobre redes tornam-se mais valiosas para as organizações. Por exemplo, a maioria das grandes empresas agora possui um diretor de informática (CIO) com responsabilidades e autoridade no mínimo tão importantes para o bem-estar da empresa quanto os papéis do tradicional diretor-presidente (CEO) e do diretor financeiro (CFO). Da mesma forma, em uma universidade ou em uma escola, o diretor de informática, geralmente, é alguém muito influente. Quase todas as atividades de uma organização ou instituição moderna são afetadas por seu sistema de informatização e de rede; o funcionário que assume essa função toma decisões que causam impacto nas pessoas.

Assim, indivíduos com conhecimento sobre o ambiente on-line (seja funcionário ou aluno) exercem considerável poder em organizações contemporâneas. Entretanto, o domínio sobre sistemas de informatização por si só não cria um bom líder. Líderes devem ser capazes de motivar pessoas, articular visões e metas, criar coalizões, desenvolver estratégias e, acima de tudo, comunicar-se bem. Ao que tudo indica, as atividades on-line podem facilitar muitas dessas funções de liderança, especialmente aquelas ligadas a planejamento, discussão e comunicação. Para indivíduos que possuem capacidade de liderança, os ambientes on-line oferecem a oportunidade para que sejam ainda mais eficazes, se souberem trabalhar na rede. Não causa surpresa que, atualmente, a maioria dos líderes procura assistentes ou técnicos que tenham conhecimento sobre redes.

Centralização/descentralização

Um dos temas mais persistentes nas grandes organizações é a centralização/descentralização de funções. Essa questão é tão aplicável em escolas e universidade como em empresas e agências do governo. Mais uma vez, as redes constituem um elemento fundamental porque podem ser usadas para facilitar a centralização ou a descentralização, geralmente por meio do acesso a banco de dados – isto é, quem cria e controla as informações financeiras ou os registros de estudantes –, mas também por meio do compartilhamento de currículo ou recursos informatizados.

Historicamente, as redes têm sido usadas para centralizar funções e obter-se economia de escala. Por exemplo, a maioria das instituições educacionais usa sistemas informatizados para funções importantes como matrícula de alunos, listagem de cursos, horários de aula, orçamentos e folha de pagamento. O software roda em um servidor central, e todos os departamentos devem inserir seus dados remotamente. Por causa do custo do software, bem como do treinamento necessário para usá-lo, esse modelo fazia sentido. No entanto, esse modelo significa que todas as decisões são centralizadas, dando aos departamentos pouco acesso aos dados.

Na última década, os esforços de reestruturação organizacional/institucional deram muito mais ênfase ao gerenciamento local e à autonomia departamental. À medida que o software administrativo foi se tornando menos custoso e mais fácil de usar, passou a ser razoável as escolas ou os departamentos terem as próprias cópias de matrículas, horários e programas de gerenciamento de alunos e processamento financeiro. Os dados podiam ser processados e analisados localmente, depois passados para uma entidade centralizada (a jurisdição escolar, o escritório do diretor, a sede da corporação) para agregação. Em alguns casos, o software ainda reside em um servidor central, mas ele processa dados armazenados localmente.

As questões subjacentes ao problema da centralização/descentralização são flexibilidade e controle. Se em cada local houver a capacidade de processar os próprios dados, ali mesmo poderá ser elaborado o conjunto de dados ou a análise que satisfizerem as necessidades locais. Por exemplo, uma escola talvez queira fazer algumas perguntas adicionais em seu sistema de matrícula que não estão incluídas no sistema geral. Ou talvez a escola deseje fazer algumas análises de dados que normalmente não seriam feitas. Porém, ao permitir essa flexibilidade em alguns lugares, a administração central abre mão de certo grau de controle sobre a utilização do sistema. E, como o controle é uma manifestação de poder e autoridade, abrir mão dele provavelmente alterará as relações de poder em uma organização. Para relacionar essa questão ao tópico das redes, o modo como elas são projetadas, em termos de funções centralizadas ou descentralizadas, afeta a estrutura de poder na organização.

Cooperação e competição

Um dos aspectos mais interessantes da educação on-line é como ela afeta as relações entre instituições em termos de cooperação e competição. Assim como as redes podem facilitar a colaboração entre estudantes ou professores, também podem fazê-lo em nível institucional. A forma mais óbvia de colaboração é o compartilhamento de cursos, quando um grupo de instituições concorda em oferecer conjuntamente cursos on-line para seus respectivos alunos. Em geral, cada instituição oferecerá cursos existentes que, juntos, compõem uma graduação, um certificado ou um programa de extensão. Os estudantes pagam as mensalidades para a instituição que oferece o curso, portanto há um compartilhamento de renda entre os participantes. Como não há limites geográficos para cursos on-line, qualquer grupo de instituições pode colaborar. Muitos grupos de instituições têm formado consórcios que servem como estruturas administrativas para os cursos que oferecem. Exemplos incluem a Western Governors University (http://www.wgu.edu), o California Virtual Campus (http://www.cvc.edu) e o Southern Regional Electronic Campus (http:// www.electroniccampus.org/).

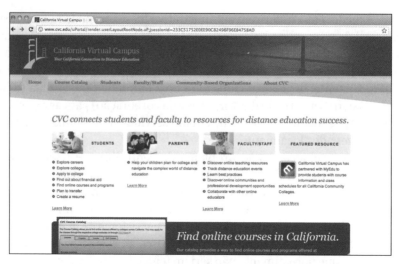

Muitas instituições se juntam em consórcios para oferecer cursos on-line – por exemplo, no California Virtual Campus (http://www.cvc.edu).

É claro que essa ideia tem muitas vantagens. Cada universidade pode ampliar sua área de especialidades e de cursos e abranger maior número potencial de alunos. Igualmente importante, elas não precisam tentar desenvolver e oferecer todos os cursos necessários para seus estudantes. Essa vantagem é muito significativa em áreas onde o corpo docente é escasso. Intelectualmente, alunos e funcionários se beneficiam do contato com um espectro mais amplo de ideias e perspectivas, em especial quando estão envolvidas escolas de diferentes nações. Por fim, os recursos administrativos e de rede podem ser compartilhados, produzindo melhores competências do que uma única instituição poderia proporcionar.

Infelizmente, esse modelo colaborativo em geral vai de encontro a algumas características humanas básicas: ganância e orgulho. Algumas instituições (particularmente as maiores) não aceitam dividir seus alunos com outras escolas. Elas querem todos os estudantes e suas mensalidades, e não veem necessidade de compartilhar cursos se a instituição pode oferecê-los todos. Algumas universidades também acreditam que podem fazer melhor que qualquer outra – que podem, sozinhas, desenvolver e oferecer cursos de melhor qualidade. Talvez pensem que outras instituições ofereçam ensinamentos de "segunda categoria", o que diminuirá o valor da experiência de aprendizagem de seus alunos. Como não há medidas objetivas de padrões acadêmicos em educação superior, é difícil tratar dessa questão.

Editoras e empresas de mídia estão utilizando a aprendizagem on-line para ampliar seu mercado. O site PBS Teachers (http://www.pbs.org/teachers) combina sistema público de televisão e aulas.

Al Rogers: conectando crianças do mundo inteiro

O ex-professor Al Rogers vem exercendo um importante papel ao conectar estudantes do mundo inteiro por meio de ambientes virtuais. Com sua parceira, Yvonne Marie Andres, ele desenvolveu o FrEdMail (e o programa FrEdWriter), que oferece um sistema de e-mail de baixo custo a escolas. É fundador e colaborador honorário da Global SchoolNet Foundation (http://www.globalschoolnet.org/), que apoia vários projetos de interação on-line entre escolas e alunos de diferentes nações.

O mundo corporativo não tende a participar de programas de treinamento cooperativos porque boa parte deles é de natureza proprietária e seu compartilhamento entre empresas não é desejável. No entanto, as associações comerciais, que representam os interesses de todas as organizações de determinado setor, são boas candidatas a desenvolver cursos on-line com contribuições e participação das empresas-membros. Embora muitas empresas não se entusiasmem em fazer parcerias diretamente entre si, em geral se animam com parcerias que envolvem universidade, proporcionando assim um excelente domínio para cursos on-line. Como os cursos virtuais não requerem deslocamento e o estudo pode ser feito no local de trabalho ou em casa, eles atendem muito bem às necessidades dos empregados. Muitas universidades e faculdades desenvolveram programas on-line em gerenciamento e áreas técnicas que atendem especificamente às necessidades de certas corporações ou setores.

124 | Educação on-line

Por fim, devemos mencionar as muitas iniciativas privadas que estão ocorrendo no mundo da educação on-line. As empresas estão criando "escolas virtuais" que oferecem programas de graduação. Algumas dessas companhias são subsidiárias de organizações editoriais ou de mídia, que veem a educação on-line como uma extensão de seus negócios. Outras iniciativas são de grupos educacionais de grandes corporações, que consideram os cursos on-line um modo de ampliar seus esforços de treinamento. Algumas são derivadas de instituições educacionais já existentes que visam ao lucro. Todas essas empresas competem com instituições tradicionais, que podem optar por ignorá-las, formar algum tipo de parceria ou competir diretamente no negócio de educação on-line.

Conclusão

Neste capítulo, discutimos algumas das implicações organizacionais das redes, incluindo instalações físicas e equipes de suporte, mudanças nos padrões de trabalho/estudo, efeitos nas relações de poder e cooperação/competição entre instituições. Essa discussão atinge apenas a superfície das muitas transformações que a rede pode trazer para uma organização. Ao mudar a maneira como as pessoas interagem, a rede afeta cada aspecto funcional de uma organização. Mais do que apenas outra função de comunicação adicionada às que já existem (como telefone e fax), a rede provoca uma mudança estrutural no modo como a organização funciona. A educação on-line não somente acrescenta novas capacidades para as escolas, mas também as transforma em novas instituições.

No próximo capítulo, veremos os efeitos das redes nas normas educacionais: a interface entre escolas e outros elementos da sociedade em que elas funcionam.

Para mais discussões sobre redes e seu impacto no futuro das organizações, consulte Dizard (1997), Doheny-Farina (1996) ou Miller (1996).

Ideias principais

- A educação on-line envolve muitas mudanças e acréscimos nas instalações físicas e no suporte técnico.
- A educação on-line provavelmente está mudando os padrões de estudo e trabalho.
- A educação on-line está afetando as relações de poder nas instituições.
- A educação on-line cria novas oportunidades para colaborações, bem como competição entre instituições.

Questões para reflexão

1. Por que é mais fácil equipar com rede uma escola nova que adicionar a rede a uma escola já existente?

2. Qual é o provável impacto na estrutura de poder de uma escola quando a rede é implementada?
3. Como as relações pessoais em uma classe mudam em consequência da interação on-line?
4. Que fatores determinam o tempo necessário no campus para dado curso ou programa de estudo?
5. Que instituições têm mais a ganhar ou perder com acordos cooperativos para o ensino on-line?
6. Quais são os prós e os contras para uma instituição que pensa em oferecer cursos e programas on-line?

9

Normas

Após a leitura deste capítulo, você entenderá:

*   as questões associadas a propriedade, controle de qualidade e acesso a materiais de cursos on-line;
*   as implicações dos cursos on-line nas normas institucionais.

A facilidade de uso parece ser o subtexto em várias discussões sobre materiais problemáticos na internet. Alguns pais reclamam que conteúdos pornográficos, instruções para fazer bombas e outras em certo sentido, sendo enviados diretamente a seus lares. Não é como nos velhos tempos, quando o "Júnior" tinha de atravessar a cidade para encontrar esse tipo de material. (Ludlow, 1996, p. 254)

Imagine este roteiro. São 8 horas da noite de uma quarta-feira e seu filho de 12 anos de repente lembra que tem de entregar, no dia seguinte, um importante trabalho escolar sobre a Guerra Hispano-Americana. Ele precisa fazer uma pesquisa, mas a biblioteca está fechada. Não tem problema! Seu garoto ciberesperto simplesmente liga o computador, ativa o modem, entra na internet – a revolucionária "estrada da informação" – e em questão de minutos está trocando imagens de mulheres nuas com outros jovens de toda a América. (Barry, 1996, p. 13)

No capítulo anterior, discutimos sobre o impacto organizacional da educação on-line. Muitas das questões levantadas nesse contexto, e também previamente no livro, envolvem preocupações mais gerais sobre normas. Entre essas preocupações mais gerais estão a propriedade do material eletrônico, controle de qualidade dos cursos on-line, carga horária dos alunos/professores, credenciamento e certificação, e uso aceitável. Esse último item abrange questões fundamentais sobre liberdade de expressão, privacidade e censura.

Propriedade

Teoricamente, questões sobre propriedade (que incluem direitos autorais, *royalties* e licenciamento) de materiais on-line não são diferentes daquelas que envolvem outras mídias. Instituições educacionais geralmente especificam em seus contratos que todo o material instrucional desenvolvido pelo corpo docente ou funcionários é de propriedade exclusiva da instituição. A lei de direitos autorais expressa claramente as regras de propriedade para obras na forma eletrônica (por exemplo, Cavazos e Morin, 1994). E os contratos editoriais atuais normalmente apresentam, em detalhes extraordinários, os termos para *royalties* e licenciamento de todo e qualquer material, incluindo versões eletrônicas.

Copyright Website (http://www.benedict.com).

Entretanto, os cursos on-line levantam questões de propriedade difíceis de resolver. Por exemplo, se um documento consiste principalmente em links para outros sites da Web, quem será o proprietário do material usado quando o documento for lido e os links forem ativados? No momento, incluir um link para outro site não requer permissão ou pagamento de *royalties* para o acesso. O documento "linkado", porém, representa em si mesmo um trabalho único que pode ser objeto de direitos autorais. Obviamente, se o material de outro site for, na verdade, copiado e reproduzido, isso requer permissão e/ou *royalties*, como em qualquer mídia. Uma complicação adicional é o fato de os trabalhos on-line serem cada vez mais produto de colaborações internacionais, mas as leis de direitos autorais (e o grau de sua aplicação) variam de uma nação para outra.

Mesmo que os contratos possam especificar que todo o material desenvolvido pelo corpo docente ou funcionários pertence à instituição, a maioria dos professores acredita que a propriedade é pessoal, como no caso de um livro ou artigo que escreveram. É menos provável que professores tenham essa opinião quando o material do curso é desenvolvido em equipe e ninguém possa alegar autoria exclusiva. Historicamente, tem sido difícil para as instituições exercerem seus direitos de propriedade em relação a materiais de cursos porque é difícil rastreá-los. No entanto, com o material on-line armazenado no servidor de uma universidade, fica mais fácil manter a propriedade controlando-se o acesso a esse servidor e aos arquivos ali contidos. Quando as pessoas saem de uma organização, podem perder o acesso ao sistema e ao material de curso. O corpo docente precisa ter cuidado em relação a quais tipos de documentos armazena em quais sistemas. Por exemplo, documentos pessoais devem ser mantidos em uma conta pessoal, e não institucional. Tal atitude também pode contornar questões de censura institucional, que serão discutidas adiante neste capítulo. É claro que manter materiais de curso em sistemas separados não impede fraudes ou roubo de propriedade institucional.

Nos capítulos anteriores, discutimos a colaboração entre membros do corpo docente de diferentes instituições no desenvolvimento e apresentação de cursos on-line. A colaboração dessa natureza é problemática na medida em que envolve direitos autorais. Uma solução seria uma das instituições ficar com a propriedade dos materiais de curso, se as outras universidades envolvidas se dispuserem a aceitar tal acordo (o que é improvável). Uma alternativa é uma terceira parte, como editoras ou consórcios, deter essa propriedade. A situação é ainda mais complicada quando instituições financiadas pelo Estado estão envolvidas, pois pode-se argumentar que o material é de domínio público (ou ao menos de propriedade do Estado).

Outro problema em relação aos direitos autorais de materiais de cursos on--line são as contribuições dos alunos. Supondo que se pratique o modelo de aprendizagem por engajamento, com boa parte do material do curso proveniente de atividades realizadas pelos estudantes, que direitos de propriedades eles devem ter? No passado, materiais gerados pelos alunos não constituíam um componente significativo do material do curso, o que tende a mudar com os cursos on-line. Os alunos devem ser vistos como colaboradores e receber o devido crédito e compensação?

Controle de qualidade

Uma das preocupações compartilhadas pela maior parte do corpo docente, pelos administradores e também pelo público em relação aos cursos on-line é se a qualidade da educação está no mesmo nível que o das aulas tradicionais ministradas no campus. A pesquisa sobre a eficácia dos cursos on-line, resenhada no Capítulo 4, sugere que estes podem ser tão eficazes (ou mais) quanto os cursos presenciais, em relação aos resultados de aprendizagem. Entretanto, essa pesquisa não trata da questão da qualidade dos cursos. Instituições educacionais precisam desenvolver procedimentos de controle de qualidade que assegurem a eficácia de todos os cursos on-line que oferecem.

O controle de qualidade para cursos não é algo que a maioria das universidades faça bem-feito. Assegurar a eficácia dos cursos é algo que normalmente é deixado a cargo do corpo docente e é objeto de questionários de avaliação respondidos pelos alunos no final do curso. Esses questionários não costumam ser muito esclarecedores, e os dados por eles fornecidos geralmente não são levados em conta na revisão dos cursos. Além do mais, essas informações são fornecidas no final do curso, quando já é tarde demais para fazer alterações que afetem os alunos que estão participando do curso naquele momento. Corporações e agências do governo tendem a fazer melhor trabalho de controle de qualidade, visto que o resultado do treinamento (desempenho satisfatório) é importante para a eficácia organizacional (veja Baker e O'Neil, 1994).

Algumas instituições têm equipes de avaliação (que fazem parte de seus serviços de apoio institucional) que procuram conduzir esforços de controle de qualidade mais rigorosos e significativos. Esses esforços incluem a execução de teste piloto e de campo em cursos recém-desenvolvidos, quando se pede aos alunos que identifiquem problemas e pontos fracos. Um dos aspectos mais importantes desses testes iniciais é determinar se o conteúdo e as atividades correspondem aos objetivos ou às metas instrucionais do curso. Muitas vezes haverá conteúdo incompleto ou irrelevante e atividades de aprendizagem que não ajudam a atingir os resultados desejados para o curso. Para que esse tipo de avaliação possa ser feita de modo adequado, ela não deve ser executada pelo professor, especialista na disciplina ou autor do curso, que estão pessoalmente muito envolvidos com o curso para fazer uma avaliação imparcial.

A Electronic Frontier Foundation (EFF) é uma organização dedicada às questões de normatização da rede (http://www.eff.org).

A Western Interstate Commision for Higher Education (WICHE) é uma organização regional focada na questão de normas para a educação superior (http://www.wiche.edu). No Brasil, temos o Instituto Nacional de Estudos e Pesquisas Educacionais (Inep): (http://portal.inep.gov.br/).

Acompanhar o aproveitamento da aprendizagem após a conclusão do curso é vital para que haja um bom controle de qualidade. Em muitos casos, é difícil determinar se um curso foi eficaz até que os alunos tentem aplicar as habilidades ou o conhecimento nele apreendidos em algum trabalho ou em cursos subsequentes. O modelo do engajamento apresentado no Capítulo 5 torna mais fácil a avaliação do curso porque se pede aos alunos que, durante o curso, apliquem o que estão aprendendo em contextos do mundo real. Em estudos de acompanhamento, pergunta-se aos alunos, bem como a seus supervisores e colaboradores, se as habilidades e os conhecimentos adquiridos durante o curso

Educação on-line

puderam capacitá-los a fazer seu trabalho com proficiência (caso contrário, devem ser informadas quais são as deficiências do curso).

Nada do que foi dito até agora sobre controle de qualidade tem a ver especificamente com cursos on-line. O ambiente virtual, no entanto, facilita a interação com os alunos e a coleta de dados. Questionários podem ser administrados on-line e os resultados, coletados e tabulados automaticamente. À medida que os alunos vão assimilando o material, poderão fazer comentários na forma de observações on-line que estarão imediatamente disponíveis para os avaliadores. O ideal é que os alunos sejam entrevistados enquanto estudam, pois este é o momento em que suas observações são mais precisas. Com a aprendizagem on-line, talvez seja possível observar diretamente o que os alunos estão fazendo por meio de monitoração de tela (com a permissão dos estudantes envolvidos). Estudos de acompanhamento podem ser feitos via e-mail, fóruns de discussão ou conferência. Assim, a avaliação on-line facilita e agiliza a coleta de dados, mas não muda radicalmente a natureza do processo de controle de qualidade.

Carga horária do aluno/professor

Entre os dados que podem ser coletados como parte do processo de controle de qualidade estão o tempo que os alunos passam estudando e o tempo que o professor gasta ensinando. Esses dados são especialmente importantes em relação aos cursos on-line por várias razões. Em primeiro lugar, as escolas (e os órgãos credenciados) têm certas expectativas sobre quantas horas de estudo são necessárias para concluir um curso e receber certo número de créditos. No ensino tradicional no campus, é fácil determinar o número de horas de estudo que os alunos passam nas aulas (supondo que as frequentem). No entanto, como podemos determinar frequência e número de horas de estudo em uma classe on-line?

Na verdade, é fácil medir a quantidade de tempo on-line porque esse registro é feito automaticamente pelo sistema. Quase todos os sistemas de aprendizagem on-line podem produzir registros do momento em que o aluno entrou no sistema, bem como o que fizeram enquanto estavam logados (como quantidades e tipos de respostas). O envio de e-mails, a participação em conferências e a postagem de mensagens em fóruns de discussão são atividades que podem ser tabuladas ou mantidas como registros do desempenho do aluno. É claro que esses registros não indicam a ocorrência da aprendizagem mais do que quando o aluno ocupa um assento em uma sala de aula, mas mostram que os estudantes estão participando ativamente do curso.

Embora seja possível que a carga horária em um curso on-line seja muito pequena para os créditos designados, na maioria dos casos ela é muito grande. Os professores tendem a exigir atividades que consomem muito tempo, envolvendo colaboração on-line, pesquisa ou redação, sem perceber o tempo que se leva para concluí-las. Para aqueles que seguem o modelo da teoria do engajamento, os projetos podem exigir uma enorme quantidade de trabalho de apoio, difícil de calcular a partir do produto final (a não ser que esteja documentado). Quando se pede aos alunos para rastrear e registrar a quantidade de tempo que passaram estudando e realizando tarefas para cursos on-line, os números geralmente são muitas vezes maiores que aqueles utilizados nas aulas presenciais. Esses números, porém, em geral incluem o tempo gasto em aprender a utilizar (e efetivamente utilizando) o sistema on-line, que pode ser apreciável para iniciantes.

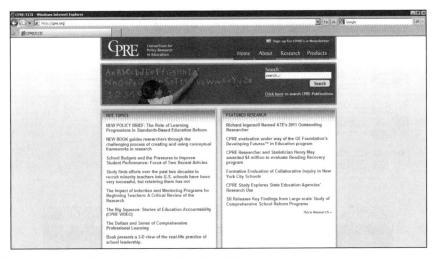

Consortium for Policy Research in Education (http://cpre.wceruw.org/).

O professor, em geral, descobre que a carga horária dos alunos é muito alta quando corrige as tarefas e percebe o tempo que eles levam para concluir os trabalhos do curso, ou então quando eles reclamam dessa quantidade de tempo. Além disso, há uma relação entre carga horária do aluno e carga horária do professor: elevada carga horária para o aluno (muitas atividades) normalmente se traduz em uma elevada carga horária para o professor (muitas atividades a ser corrigidas). Não é uma simples questão de números, mas também de complexidade das respostas e, portanto, do tempo necessário para corrigi-las. Logo, assim como os cursos on-line apresentam cargas horárias mais elevadas para o aluno, elas também valem para o professor. No Capítulo 6, foram discutidas estratégias para lidar com as cargas horárias mais elevadas dos cursos on-line.

Supondo que a carga horária de alunos e professores é maior em cursos on-line (e não é ajustada), podemos levantar questões sobre o aumento do valor desses cursos em termos de créditos e fatores de carga. Dois cursos on-line deveriam ser equivalentes a três cursos no campus? A duração dos cursos on-line deveria ser estendida para acomodar a carga horária a um intervalo maior de tempo? Usar uma equipe para ministrar esses cursos também poderia distribuir a carga horária, embora essa opção normalmente não seja levada em conta quando se determinam os créditos dos alunos ou as cargas horárias de ensino.

A Education Commission of the States (ECS) coordena as normas educacionais em nível nacional nos Estados Unidos (http://www.ecs.org). Veja, para o Brasil, o site do Ministério da Educação (http://www.mec.gov.br/).

A questão da carga horária é tão relevante para o treinamento no local de trabalho e a aprendizagem em casa quanto para o ambiente escolar. O treinamento on-line que requer muito tempo simplesmente não será feito, não importa quão pertinente ou importante ele seja para o empregado. É especialmente importante, quando se desenvolve e se apresenta um treinamento on-line, dividir todas as atividades de aprendizagem e o material do curso em partes, de modo que possam se ajustar ao horário de trabalho ou ao tempo disponível de cada pessoa. O material da aprendizagem on-line também não deve exigir envolvimento ou supervisão muito longos por parte dos pais, que costumam ter tempo ou paciência limitados para ensinar. Se as atividades de aprendizagem envolverem os alunos de maneira adequada, eles não deverão precisar de muita atenção dos pais; em vez disso, deverão interagir com os colegas e com os recursos on-line.

O American Council for Education (http://www.acenet.edu/AM/Template.cfm?Section=Home) apresenta as diretrizes de credenciamento para a aprendizagem em nível superior.

Credenciamento e certificação

Algumas das questões discutidas anteriormente formam a base para indagações sobre credenciamento de programas on-line e certificação daqueles que ensinam on-line. Considerando-se a preocupação usual com a qualidade dos cursos on-line, não causa surpresa que as credenciais daqueles que ensinam e das instituições que oferecem esses cursos sejam submetidas a uma fiscalização adicional. Do mesmo modo, na medida em que a carga horária do curso estiver relacionada aos créditos e ao aproveitamento da aprendizagem, haverá uma ligação entre credenciamento e natureza dos cursos on-line.[1]

Nos Estados Unidos, a certificação para professores do ensino fundamental se dá em nível estadual.[2] Para ensinar em certo estado da federação é preciso um certificado para aquele determinado estado. Teoricamente, se um

---

[1] No Brasil, o processo de credenciamento de cursos a distância seguem os mesmos modelos dos presenciais. (NRT)
[2] Aqui, os professores estão ligados também às secretarias estaduais de Educação. (NRT)

136 | Educação on-line

curso on-line envolvesse alunos de diferentes estados, o professor precisaria ser credenciado em cada um deles. De fato, alguns professores fazem-no para aulas que são apresentadas em vídeo interativo. No entanto, obviamente, esses credenciamentos múltiplos não são possíveis em grande escala.

Observe que a certificação só é exigida no nível do ensino fundamental; docentes de faculdades não precisam de nenhum tipo de credenciamento (além da pós-graduação). Instituições de ensino superior, entretanto, são credenciadas por órgãos regionais de credenciamento. Estes exigem provas de que os cursos envolvem atividades de aprendizagem adequadas. A maioria dos examinadores costuma ter dificuldade para avaliar cursos on-line, pois, geralmente, possuem pouca experiência com a educação virtual. Consequentemente, quase sempre é necessário um esforço extra para descrever as atividades de aprendizagem em cursos on-line e documentar os resultados, o que torna o credenciamento um processo mais complexo para instituições que oferecem tais cursos. A situação deve mudar com o tempo, à medida que a educação on-line for sendo disseminada.[3]

Outro lado da questão diz respeito a como determinar se os professores são qualificados para o ensino on-line. É muito difícil prever se eles vão se sair bem no ensino virtual, mesmo que possam ter excelentes antecedentes no ambiente tradicional de sala de aula. Nenhuma credencial para professor inclui competências de ensino on-line.[4] De fato, atualmente, pouquíssimos programas de formação de professores incluem qualquer prática substancial com ensino on-line. Aqueles mais bem qualificados são os que concluíram programas que envolvem cursos on-line, pois, embora não tenham experiência com o ensino virtual, ao menos estão familiarizados com a natureza da aprendizagem on-line.

Uso aceitável

Uma das questões normativas mais complexas associadas à internet e às redes de computadores é o uso aceitável, ou seja, a regulamentação do que é razoável no comportamento on-line. O uso aceitável abrange o tipo de informação que pode ser acessado e armazenado on-line, por quem ela pode ser manipulada e também o modo como os recursos on-line são utilizados. Quase todas as instituições educacionais têm as próprias normas de uso aceitável que devem

---

[3] Visite também o e-MEC. Em funcionamento desde janeiro de 2007, o sistema permite a abertura e o acompanhamento dos processos de credenciamento e recredenciamento de instituições de educação superior, bem como autorização, reconhecimento e renovação de reconhecimento de cursos de forma simplificada e transparente. Permite ainda a consulta das instituições de ensino superior e cursos nele cadastrados: http://emec.mec.gov.br/. (NRT)

[4] Atualmente, há um conjunto de entidades que oferecem formação para atuar na área. (NRT)

ser acatadas por todos os alunos, com penalidades no caso de violações. O dilema em definir uso aceitável, porém, é que os vários grupos interessados (alunos, docentes, administradores, pais) provavelmente têm opiniões divergentes sobre o que deve ser permitido e proibido em um ambiente virtual, e essas opiniões variam consideravelmente de indivíduo para indivíduo.

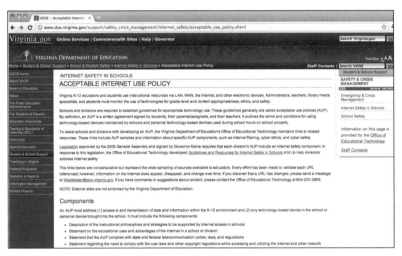

O Virginia Department of Education criou o Manual AUP (http://www.doe.virginia.gov/support/safety_crisis_management/internet_safety/acceptable_use_policy.shtml), um recurso útil para criar políticas de uso aceitável (Acceptable Use Policy – AUP).

A mais controversa de todas as questões sobre uso aceitável é a censura – limitações sobre o acesso a determinados sites, normalmente aqueles que contêm material sexualmente explícito. Escolas e pais não querem que os filhos possam ter acesso a material pornográfico ou participar de discussões on-line que tenham a ver com sexo. De fato, essa preocupação é tão disseminada nos Estados Unidos que o Congresso norte-americano aprovou leis, incluindo a Lei da Decência On-line para Crianças, que tenta regular os provedores comerciais.[5] Os partidários das liberdades civis, no entanto, condenam qualquer esforço para limitar o acesso aos sites, independentemente de seu conteúdo. A maioria das escolas (e pais) tenta lidar com esse problema potencial monitorando o que os alunos fazem nos laboratórios de informática ou instalando programas com "fil-

---

[5] No Brasil, ainda não há nada com essas características, mas há uma série de projetos em trâmite no Congresso. (NRT)

tro" que bloqueiam o acesso a sites "proibidos". Outra estratégia potencial é oferecer diferentes níveis de acesso para os estudantes, dependendo da idade e da autorização dos pais.

O site EdWeb, criado por Andy Carvin (http://www.edwebproject.org/), discute as implicações normativas da educação on-line.

Um segundo aspecto do uso aceitável é aderir ao licenciamento de softwares e às leis de direitos autorais. Um problema clássico nos ambientes educacionais é a pirataria de softwares entre os alunos, que tem sido tratado pelas escolas com acordos de licenciamento que permitem a todos os alunos de uma instituição utilizar programas específicos. Além disso, os softwares usados na maior parte dos computadores escolares são protegidos contra cópias. Muitos estudantes, porém, costumam copiar programas uns dos outros em vez de comprá-los, e a pirataria continua sendo um problema. Outra questão é que os alunos talvez utilizem material que encontram on-line (passagens de textos, gráficos, músicas) em seu trabalho sem pedir a devida permissão para tanto. Dada a abundância de material disponível na Web, e a facilidade de fazer *downloads* ou cópias, não surpreende que esse problema seja tão comum. Os estudantes precisam ser constantemente lembrados a respeito do plágio e do significado dos direitos autorais – uma tarefa que todo professor precisa levar adiante.

Um terceiro aspecto do uso aceitável é o respeito aos direitos e à privacidade dos outros.

A dimensão do uso aceitável inclui não molestar de forma alguma outros estudantes on-line nem alterar a conta ou arquivos de outro aluno ou funcionário.

Jason Ohler: explorando a fronteira eletrônica

Jason Ohler é diretor de Tecnologia Educacional da University of Alaska e há muito tempo um defensor da educação on-line. Seus esforços se concentram no uso criativo, eficaz e responsável da tecnologia na educação. Ele é o fundador de um dos primeiros periódicos on-line sobre educação a distância (o *Online chronicle of distance education and communication*) e autor de *Thinking about technology* (http:// www.jasonohler.com/resources/educ-wisdom.cfm). É também músico e compositor interessado em música eletrônica.

Veja sua home page em http://www.jasonohler.com/index.cfm.

Formas de assédio incluem enviar mensagens de "ódio" e fazer perseguições on-line (ambas ações ilegais nos Estados Unidos e em muitos outros países), bem como o *spam* – o envio de mensagens de e-mail não solicitadas a um grande número de pessoas. A alteração de conta inclui se passar por outrem em mensagens de e-mail ou postagens em conferências – algo que costuma ser visto como uma brincadeira inofensiva de estudantes. Também inclui ofensas muito sérias, como a tentativa ilegal de acesso a sistemas de computadores (*hacking*) ou a criação de vírus que inutilizam sistemas, destroem arquivos e provavelmente resultam em processos criminais.

Considerações sobre o uso aceitável cobrem ampla gama de comportamentos que não podem ser aceitos, alguns dos quais com consequências muito graves. Subjacente a todas essas considerações estão questões de moralidade e ética que não são mais fáceis de tratar na educação on-line que nas salas de aula tradicionais. Pode ser um pouco mais fácil monitorar e identificar comportamentos inaceitáveis em ambientes on-line porque todas as ações do usuário podem ser armazenadas e rastreadas. Esse monitoramento, no entanto, apresenta ainda outro dilema ético: o respeito à privacidade dos usuários em suas atividades virtuais. Esse tópico será discutido no próximo capítulo.

Conclusão

A educação on-line suscita diversas questões de normatização a serem tratadas pelos administradores da escola e pelos gestores de organizações educacionais, resultando em regulações, diretrizes ou procedimentos para os alunos e funcionários. Em muitos casos, as questões são de alcance tão amplo (por exemplo, direitos autorais, certificação, censura) que requerem a atenção de órgãos maiores, como agências governamentais, associações profissionais, tribunais e poder legislativo. Para que a educação on-line funcione, resolver problemas nesses níveis é tão importante quanto decidir o que e como ensinar.

Ideias principais

- Normas de propriedade de materiais on-line devem preservar os direitos individuais e institucionais sem limitar o acesso legítimo a estes.
- São necessários procedimentos de controle de qualidade para garantir a eficácia dos cursos on-line.
- As cargas horárias de alunos e docentes de cursos on-line devem ser monitoradas e ajustadas caso se tornem muito elevadas.
- Questões de credenciamento e certificação surgem porque ainda existem questões não exploradas associadas aos cursos e ao ensino on-line.
- As normas de uso aceitável são um modo de as instituições moldarem o comportamento on-line em termos de conteúdo e da natureza da interação.

Questões para reflexão

1. Você acha que as leis de direitos autorais ainda fazem sentido na era da informação?
2. Em sua opinião, qual é a melhor maneira de assegurar a qualidade dos cursos on-line?
3. Quais são as consequências de uma carga horária muito elevada para alunos e docentes?
4. Certificação e credenciamento institucional realmente são importantes para cursos on-line?
5. Em sua opinião, quais as melhores maneiras de assegurar o uso aceitável dos computadores na área educacional?

10

Educação na era da informação

Após a leitura deste capítulo, você entenderá:

- as questões sociais, políticas e financeiras associadas à educação on-line;
- o impacto potencial das escolas virtuais.

No mundo inteiro há um apaixonado caso de amor entre as crianças e os computadores. Trabalhei com crianças e computadores na África, na Ásia e nos Estados Unidos, em cidades, subúrbios, fazendas e na selva. Trabalhei com crianças pobres e crianças ricas; com filhos de pais letrados e filhos de famílias iletradas. No entanto, essas diferenças parecem não importar. Em toda parte, com muito poucas exceções, vejo o mesmo brilho nos olhos, o mesmo desejo de se apropriar desse objeto. E, mais do que querer, no fundo as crianças parecem saber que aquilo já lhes pertence. Sabem que podem dominá-lo com mais facilidade e naturalidade que seus pais. Sabem que pertencem à geração dos computadores. (Papert, 1996, p. 1)

A educação on-line tem o potencial de alterar fundamentalmente o modo como a aprendizagem, o ensino e a escolarização ocorrem. Entretanto essa mudança traz muitas implicações sociais, políticas e financeiras. Além disso, várias questões precisam ser discutidas sobre tecnologia e seu impacto na sociedade. Este capítulo trata de algumas dessas implicações e questões.

Acesso: ricos e pobres

Ao longo deste livro, temos enfatizado o fato de que a educação on-line funciona somente quando alunos e professores têm acesso fácil e regular a computadores conectados em rede. Como regra, este não é um problema nas áreas urbanas mais ricas de países desenvolvidos. A situação, porém, é bem diferente nas áreas urbanas pobres e rurais do mundo (incluindo os Estados Unidos). Nesses cenários, há poucos computadores e conexões de rede muito limitadas, ou mesmo nenhuma. Para esses alunos e professores, a educação on-line não é uma possibilidade neste momento.

Há muito debate em torno dessa situação e discute-se se ela vai mudar rapidamente ou não. Não se trata simplesmente de fornecer equipamentos de informática (uma iniciativa comum de agências governamentais e empresas de tecnologia), porque é necessária uma infraestrutura complexa de conexões, pessoal técnico, professores treinados e apoio da população para que a educação on-line seja um sucesso. Pais, professores, administradores de instituições educacionais e políticos devem realmente desejar que a educação com base na informática aconteça. Muitas vezes, equipamentos de informática são doados às escolas e acabam ficando em depósitos por falta de capacidade para usá-los. O desenvolvimento da infraestrutura necessária, geralmente, leva muitos anos, mesmo em nações desenvolvidas.

O The Rural Education Activities Programme (REAP), da Nova Zelândia, é um esforço para garantir que indivíduos das áreas rurais tenham acesso a ambientes on-line (http://www.reap.co.nz/).

A questão é ainda mais problemática porque as áreas pobres tendem a permanecer pobres. Mesmo quando se desenvolve uma infraestrutura e as escolas de áreas pobres conseguem acesso a ambientes on-line, elas costumam ter equipamentos menos qualificados, professores com treinamento limitado, suporte técnico inadequado e pressões políticas e familiares conflitantes. Portanto, mesmo quando se obtém algum sucesso, a distância tecnológica entre ricos e pobres continua grande. É difícil prever se essa questão vai mudar ou se algum tipo de equalização finalmente será alcançado. Para mais discussões sobre essas questões, consulte Bowers (1988), Cummins e Sayers (1995) ou Fisher, Dwyer e Yokam (1996).

Tecnologia: para o bem ou para o mal?

Há um debate geral sobre a conveniência imediata ou de longo prazo da tecnologia: são os tecnófilos *versus* os tecnófobos (por exemplo, veja Dreyfus, 1992; Landauer, 1995; Norman, 1993; Postman, 1992). Muitos argumentam que nossa crescente dependência da tecnologia é um erro fatal que finalmente resultará na extinção da sociedade; outros a veem como uma estrada para a utopia. A maioria aceita a tecnologia pelo que ela vale e não enxerga nela o "Armagedon" nem implicações utópicas. A questão crítica é se a tecnologia é inerentemente boa ou má – ou se simplesmente reflete as características dos indivíduos e grupos que a utilizam.

No contexto da educação on-line, o debate é um pouco mais focado. A questão principal é se o uso extensivo do computador priva os alunos do contato com o mundo.

O governo dos Estados Unidos tem vários departamentos que consideram as implicações da tecnologia, por exemplo, o White House Office of Science and Technology (http://www.whitehouse.gov). Durante 23 anos, o Office of Technology Assessment forneceu orientação para o Congresso.

A aprendizagem on-line significa que falta aos alunos a devida interação social ou a experiência real com a flora e a fauna? Mesmo que tenhamos uma considerável interação com outros alunos em um ambiente on-line e contato com muita informação, será que tudo isso proporciona uma boa socialização e uma compreensão genuína do mundo? Atualmente, pouquíssimos estudantes pas-

144 | Educação on-line

sam tempo suficiente on-line para que essas questões tenham algum sentido, mas, no futuro, estas poderão ser preocupações legítimas.[1]

Essa questão também se refere às preferências individuais e à liberdade. Algumas pessoas talvez nunca venham a aprender ou ensinar via computador. Que opções terão esses indivíduos se a educação on-line tornar-se a principal escolha? Presumivelmente, sempre haverá escolas que oferecerão aulas tradicionais (embora a seleção de aulas possa ser muito limitada), e a orientação pessoal certamente estará disponível (embora talvez apenas em caráter particular). Assim, provavelmente existirão alternativas para aqueles que não quiserem optar pela educação on-line, mas elas poderão ser bem limitadas.

Privacidade

Uma questão mais séria relativa à liberdade individual é a privacidade nos ambientes on-line. Mencionamos em capítulos anteriores que é fácil capturar todos os detalhes das atividades de um aluno enquanto ele está logado, geralmente pelo propósito legítimo de acompanhar o desempenho do estudante ou oferecer assistência durante a aprendizagem. Os usuários, no entanto, podem não estar informados ou cientes desse registro automático de dados – ou ser capazes de fazer algo a respeito. Por exemplo, é comum os sistemas escolares monitorarem todas as transações on-line dos laboratórios de informática a fim de impedir violações das normas do uso aceitável (por exemplo, acessar pornografia, receber *spam* ou tentativas de "hackeamento"). Essa monitoração pode incluir a leitura de mensagens particulares de e-mail.

Embora quase todas as instituições e organizações declarem em seus contratos de normas de uso ou de emprego que têm o direito de monitorar qualquer atividade no computador, raramente as pessoas estão conscientes de que isso é feito e de que não possuem qualquer privacidade on-line quando usam os computadores nos recintos da instituição/organização, ou mesmo quando usam o sistema da instituição em sua casa. O uso de um ISP comercial tampouco assegura a privacidade, porque eles monitoram as atividades do cliente.

De modo geral, os tipos de atividades que ocorrem no contexto de um curso on-line são relativamente benignos, e não algo que causaria preocupação para a maioria das pessoas no que diz respeito à privacidade. No entanto, às vezes, as pessoas têm conversas bastante pessoais, via e-mail, que seriam muito embaraçosas se tornadas públicas. E, como as entidades comerciais ficam cada vez

---

[1] Como previsto no texto, o tempo que cada estudante passa conectado cresceu muito: "Quanto ao tempo de conexão, 55% dos internautas passam de 30 minutos a duas horas ligados na web; 23% permanecem conectados entre duas e quatro horas; e 14% ficam menos de meia hora." (Fonte: FE-Comércio/RJ - Estudo de novembro de 2011). (NRT)

mais envolvidas na educação on-line, a preocupação torna-se maior, pois as informações podem ser coletadas para fins de marketing. Todo indivíduo tem direito a certas garantias de privacidade durante as atividades on-line, mas atualmente essas garantias não existem na maioria dos ambientes educacionais.

O Electronic Privacy Information Center (EPIC) é um bom recurso informativo para questões relativas à privacidade on-line (http://epic.org).

Uma tentativa interessante de tratar dessas questões é o sistema de privacidade TRUSTe (veja o site http://www.truste.org). O TRUSTe é um consórcio sem fins lucrativos que estabelece algumas regras básicas de privacidade para sites da Web, que todos os membros concordam em seguir. O consórcio analisa os sites de seus membros para assegurar o cumprimento dessas regras e resolve as queixas de usuários. Os sites-membros que agem adequadamente exibem o logotipo da TRUSTe em suas páginas.

Qualidade da informação on-line

Uma questão que preocupa muitos docentes e bibliotecários é a qualidade da informação disponível na Web. Como qualquer um pode colocar documentos na internet, não há um processo de avaliação entre pares semelhante ao que ocorre na publicação da maior parte das informações acadêmica e técnica. Nem todos os periódicos on-line passam por um processo de revisão, o que é comum em periódicos impressos (embora isso esteja mudando).[2] Assim, a maior parte das informações encontradas na Web não é verificada e filtrada. Estudantes que usam a Web para coletar informações para projetos, artigos ou atividades do gênero poderão aceitar o que encontram sem adotar uma postura crítica. Considerando-se que a Web venha a se tornar a principal fonte de informações na educação on-line, esta é uma questão importante.

Para tratar desse problema, alguns educadores estão ensinando seus alunos a avaliar a qualidade da informação on-line, geralmente introduzindo o uso dos mecanismos de busca. Um exemplo interessante é o Internet Detective, desenvolvido na University of Bristol, no Reino Unido (http://www.vtstutorials.ac.uk/detective/).

Custos e benefícios

Embora se tenha feito alusão aos benefícios da educação on-line neste livro, não houve uma discussão direta sobre custos e benefícios. O principal benefício dos recursos on-line é que o esforço para desenvolvê-los e apresentá-los pode ser distribuído entre um grande número de estudantes, resultando em economia de escala para as instituições educacionais. No caso da educação superior e de empresas privadas, quanto mais alunos se matricularem, haverá mais renda com as mensalidades. Para escolas públicas e organizações voltadas para o treinamento, quanto mais matrículas, menor o custo por aluno e também haverá menos despesas operacionais. Do ponto de vista do aluno, a disponibilidade de muitos cursos on-line, provenientes de diferentes instituições, significa diversidade de opções em termos de matérias, professores, alternativas de mídia e preço.

Há, no entanto, custos incrementais associados ao número de alunos que fazem o curso. Para assegurar um bom nível de interação professor-aluno, e também manter a carga horária controlável, um professor poderá ter apenas de vinte a trinta estudantes (talvez menos, com certos tipos de alunos ou de matérias). Assim, cada grupo de vinte a trinta estudantes requer outro professor ou monitor. Certos custos relativos à administração dos cursos e ao suporte técnico também aumentam proporcionalmente com o número de alunos. Por fim, se a instituição estiver oferecendo o equipamento de informática usado pelos alunos, o número de alunos afetará diretamente esses custos (embora, provavelmente, os alunos compartilhem esses recursos).

---

[2] Não existe um material próprio desenvolvido para a internet e algumas matérias são disponibilizadas na integra. Os periódicos brasileiros estão cada vez mais buscando a convergência de mídias em suas versões on-line, veja, por exemplo, o site: http://www.estadao.com.br/. (NRT)

Por todas essas razões, não é possível simplesmente aumentar o número de matrículas em um curso on-line sem também aumentar o orçamento – embora isso não seja evidente para muitos administradores. Como não são necessárias salas de aula ou instalações físicas adicionais, a impressão é de que as classes on-line possam ser expandidas infinitamente. As consequências, porém, de se sobrecarregar um curso on-line é que a qualidade da experiência de aprendizagem (indicada pelo nível de interatividade) rapidamente se deteriora a ponto de os estudantes (e os docentes) ficarem insatisfeitos, resultando em atritos, queixas e mau aproveitamento da aprendizagem.

Outro importante benefício dos cursos on-line é que podem resultar em aprendizagem e ensino mais eficazes. Nos primeiros capítulos, tratamos do potencial do modelo do engajamento, bem como das possibilidades de interação global e do uso dos vastos recursos que a internet oferece. As simulações são uma grande oportunidade para a aprendizagem experiencial e prática. A aprendizagem on-line poderá deixar os alunos entusiasmados, alunos que poderiam desistir da escola por considerá-la tediosa. Os cursos on-line podem permitir que alguns indivíduos concluam programas de graduação, o que não seria possível caso optassem por aulas tradicionais. Esses benefícios são difíceis de quantificar, exceto na proporção em que resultem em mais alunos fazendo cursos e, portanto, em mais matrículas. Aprendizagem e ensino de melhor qualidade significa, em última análise, uma força de trabalho mais instruída, o que aumenta a produtividade e a prosperidade econômica de toda uma nação.

Os custos dos equipamentos e das conexões de rede para a educação on-line podem ser consideráveis. A maioria das escolas aceitou esses custos como necessários, incorporando-os ao seu orçamento. Quando, porém, são efetuados os cortes orçamentários, as despesas com informática e telecomunicações provavelmente são as primeiras a serem reduzidas (especialmente os salários). Igualmente, os custos para ter um computador e pagar mensalmente um provedor (ISP) têm sido aceitos pela maioria dos estudantes e seus pais como essenciais à escolarização (além de livros e outros materiais) – supondo-se que possam pagar por eles. Assim, em grande parte, esses custos vêm sendo assimilados pelas instituições educacionais e pelas famílias, contanto que estejam na categoria dos "ricos", e "não dos pobres".

Uma importante consequência econômica da educação on-line é ter criado novas oportunidades de mercado para empresas de informática e telecomunicações, não apenas de hardware e software, mas também de serviços (veja Martin, 1999; Tapscott, 1997). A Web gerou imensa variedade de empreendimentos educacionais, de ferramentas para apresentação de cursos a empresas de preparação de testes. Entre as novas entidades, as mais interessantes talvez sejam as muitas "escolas virtuais" com fins lucrativos. No momento, essas organizações não são muito mais que versões on-line das populares empresas de *home study*. Em um futuro próximo, isso provavelmente vai mudar.

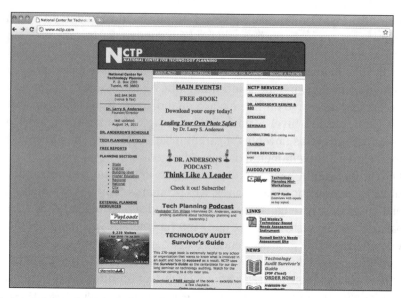

O National Center for Tchonology Planning (http://www.nctp.com), criado por Larry Anderson, é um recurso útil para obter informações sobre planejamento em tecnologia.

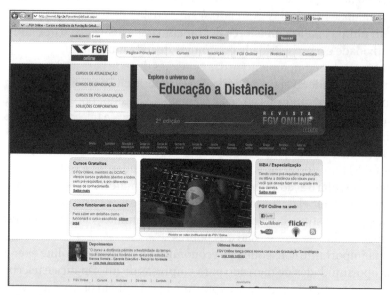

No Brasil, existem muitas escolas que oferecem cursos em EaD, veja, por exemplo, o site da FGV (http://www5.fgv.br/fgvonline/default.aspx); e o da PUC-SP (http://cogeae.pucsp.br/cursos-online).

Escolas virtuais

Nos últimos cem anos, o modelo educacional tem sido bem-definido: escolas públicas ou particulares cuidam do ensino fundamental e médio ou do ensino de nível superior. A única novidade nesse período foi o surgimento das pré-escolas, a maioria delas particular, mas algumas são operadas por igrejas e corporações. Um pequeno número de empresas tem oferecido cursos de *home study* sobre assuntos específicos, e associações profissionais/comerciais oferecem cursos importantes para seus membros.

A educação on-line permite que novas formas de instituições evoluam a partir das que existem, ou que iniciem do zero (veja Davidow e Malone, 1992; Hazemi, Hailes e Wilbur, 1998; Rossman, 1992). Por exemplo, não há nenhuma razão para que um grupo de especialistas em determinada área não possa criar o próprio "instituto" on-line, oferecendo cursos ou seminários e mesmo fornecendo diplomas ou certificados. Para que seja oficial, essa escola virtual precisaria ser credenciada[3] e, portanto, passar pelo *processo de credenciamento*. Embora o credenciamento,[4] como é feito hoje, destine-se a grandes instituições, esse processo poderia ser alterado para se adequar também a entidades menores. Se uma escola virtual oferecesse cursos sobre temas de alta demanda (como novas áreas da ciência, da medicina ou da tecnologia), com professores de alta credibilidade, poderia fazer muito sucesso.

Outra possibilidade para escolas virtuais são as grandes corporações editoriais começarem a oferecer cursos on-line. Essas organizações possuem um material substancial que já vendem aos alunos e às escolas. No atual modelo, os professores criam e oferecem cursos com base nesse material no contexto de suas instituições. No entanto, suponha que os professores desenvolvessem e apresentassem seus cursos, por meio de empresas da área editorial, diretamente aos alunos. Se essas empresas se credenciassem, poderiam oferecer créditos [horas-aula] e conferir diplomas. Ou poderiam vender cursos (com os professores) para instituições já existentes, e estas os ofereceriam aos alunos. Essa ideia é, basicamente, uma extensão do modelo tradicional autor/editor, exceto pelo fato de que inclui a apresentação do curso, bem como sua criação. É claro que muitos desses esforços envolveriam grandes equipes, incluindo funcionários da empresa e consultores *freelancers*.

Por fim, devemos esperar que as instituições ou organizações existentes gerem grupos ou se transformem de modo a criar escolas virtuais. Como os re-

---

[3] Para a certificação, a instituição ou o curso precisa ser inscrita no MEC ou estar ligada a uma instituição que já esteja inscrita no órgão. (NRT)

[4] O credenciamento é feito no MEC. Os cursos de extensão ou de pequenas formações não precisam de cadastramento. (NRT)

cursos financeiros necessários para começar uma escola virtual são muito pequenos (o custo dos equipamentos de informática, software e telecomunicações) e a receita potencial de alunos do mundo inteiro é bem grande, muitas pessoas enxergarão nesse negócio uma oportunidade tentadora. De fato, as escolas virtuais representam a corrida do ouro educacional da era da informação.

Organizações que moldam a educação on-line

Muitas organizações vêm moldando o desenvolvimento atual e futuro da computação on-line [geração web2]. Entre elas estão empresas de tecnologia desenvolvedoras de hardware e software que possibilitam novas capacidades de rede, bem como centros de pesquisa e desenvolvimento (P&D) e agências financiadoras e fundações. Por último, certas escolas, associações e empresas podem ter grande influência no direcionamento da computação on-line pela natureza de seus projetos, programas ou produtos. Nesta seção, selecionamos nove organizações (não há nenhuma ordem de apresentação) que se destacam por sua contribuição.

A Association for the Advancement of Computing in Education (AACE) oferece aos professores conferências e publicações sobre educação on-line (http://www.aace.org).

Educação na era da informação | 151

O Technical Education Research Center (TERC) vem conduzindo projetos de pesquisa que se concentram no uso de tecnologia para a educação nas áreas de Matemática e Ciências desde 1965. Recentemente, o TERC (http://www.terc.edu) liderou vários importantes projetos on-line, incluindo o Kids Network (com a National Geographical Society) e o GlobalLab.

O MIT Media Lab é um laboratório de pesquisa acadêmica, parte da School of Architecture and Planning no Massachusetts Institute of Technology (HTTP://media.mit.edu). O Media LAb tem desenvolvido projetos e protótipos de demonstração com grande influencia no mundo da tecnologia, especialmente em termos de capacidade de multimídia.

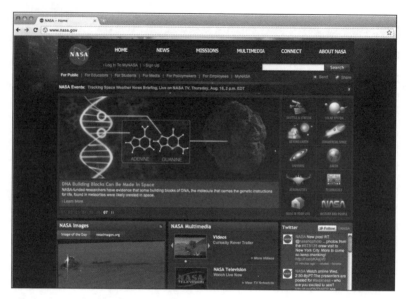

Enquanto muitas agências do governo dos Estados Unidos têm feito um excelente trabalho ao oferecer acesso on-line a seus recursos, a Nasa (http://www.nasa.gov) possui a liderança em termos de trabalho com escolas e criação de programas de aprendizagem. O fato de trabalhar com um assunto emocionante e fascinante, tanto para crianças como para adultos, também ajuda.

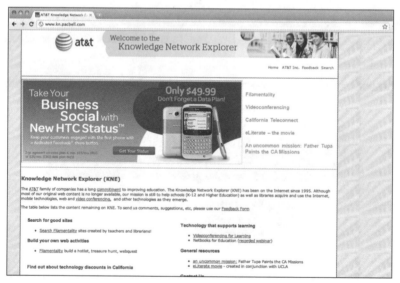

Embora muitas empresas de telecomunicações tenham se envolvido em redes escolares, a Pacific Bell, agora AT&T, foi uma das primeiras a investir quantias substanciais (US$ 100 milhões) para apoiar a educação on-line com sua iniciativa Education First e o site Knowledge Network (http://www.kn.pacbell.com).

Educação na era da informação | 153

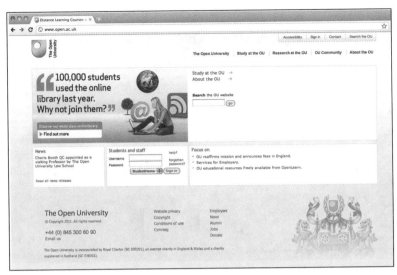

A britânica Open University (http://www.open.ac.uk) não apenas é a maior e mais bem-sucedida instituição de ensino a distância do mundo, como também faz uso extensivo da educação on-line. A OU também hospeda vários grupos de pesquisa avançada, como o Knowledge Media Institute.

O National Center for Supercomputer Applications (NCSA), na University of Illinois (http://www.ncsa.uiuc.edu), é um dos principais centros de pesquisa para computação e redes de alto desempenho nos Estados Unidos. Nele, foi desenvolvido o navegador Mosaic.

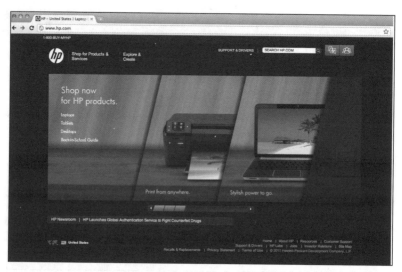

Embora não tão grande quanto algumas outras empresas de informática, a Hewlett-Packard (http://www.hp.com) sempre exerceu impacto significativo na evolução dos computadores e seu desenvolvimento na educação (especialmente na Costa Oeste dos Estados Unidos). Seu site Educator's Corner permite que estudantes de engenharia usem testes e equipamentos de medida virtuais.

O National Institutes of Health foi pioneiro no acesso on-line a informações médicas, começando com o banco de dados Medline na década de 1960. Seu site Office of Science Education (http://science.education.nih.gov/home2.nsf/feature/index.htm) oferece material de apoio para ciências no ensino médio.

Resistência à mudança

Por acarretar grandes mudanças no modo como a educação é elaborada e apresentada, a tecnologia cria grandes resistências entre indivíduos e organizações (Cuban, 1986; Feenberg, 1991). As razões para essa resistência são várias: medo do desconhecido, o esforço necessário para aprender coisas novas, perda de poder/prestígio em decorrência da mudança de papéis e discordância com novas ideias. Como a aprendizagem e o ensino on-line são muito diferentes do ensino tradicional em sala de aula, é muito provável que alguns docentes, alunos e administradores demonstrem forte objeção à educação on-line (veja, por exemplo, "Digital Diploma Mills", de David Noble, em http://communication.ucsd.edu/dl/ddm1.html).

Essas objeções podem ser tratadas de diversas maneiras. Uma delas é garantir aulas no campus para aqueles que não quiserem aprender/ensinar on-line.[5] (Essa opção poderá não ser válida no futuro.) Outra é assegurar o envolvimento de docentes e funcionários na elaboração de cursos on-line, de modo que se sintam protagonistas no processo. O desconforto com a ideia da aprendizagem on-line por parte de alunos pode ser reduzido ouvindo-se (talvez em vídeos) relatos de outros estudantes que estejam satisfeitos com a experiência. A mesma estratégia pode ser usada com o corpo docente.

Sempre é necessário "vender" às pessoas os benefícios das inovações para que elas experimentem algo novo. No caso da educação on-line, o principal benefício para os alunos e docentes é a flexibilidade temporal e geográfica no processo de ensino e aprendizagem. O fato de não ter de se deslocar até o campus para assistir às aulas pode ser convertido em um grande fator de venda para boa parte das pessoas. A maioria dos professores se interessa pela oportunidade de ensinar com mais eficácia, ou pelo menos de uma maneira nova e diferente. Para os administradores (e alguns docentes), a capacidade de atingir novas populações de alunos, mantendo ou aumentando as matrículas do curso, é importante. E quase todos compreendem que a educação on-line é uma conexão para a era da informação, embora esse fator possa não ser uma grande motivação para aqueles que preferem a sala de aula tradicional.

Embora a educação on-line represente uma mudança real de paradigma na educação, ela será antes uma mudança evolucionária que revolucionária. Em cada instituição, alguns cursos serão convertidos de uma só vez à forma on-line, até que, aos poucos, programas e departamentos inteiros se tornem virtuais. Haverá os pioneiros impacientes, a maioria que compõe o grupo do meio e os conservadores relutantes. Algumas escolas e organizações vão seguir mais rá-

---

[5] No Brasil, o movimento é contrário e cada vez menos existem aulas presenciais nos cursos criados para EaD. (NRT)

156 | Educação on-line

pido ou mais devagar que outras, dependendo de seu ambiente econômico e político. No entanto, em algum ponto do século XXI, a educação on-line se tornará a norma, e o ensino em sala de aula tradicional será um anacronismo.

Curtis Bonk: colaboração eletrônica

Curtis Bonk é professor associado da Escola de Educação da University of Indiana e membro do Centro de Pesquisa em Aprendizagem e Tecnologia. Ele é o desenvolvedor da "smartweb", um ambiente on-line cuja função é orientar estudantes de graduação na área de psicologia educacional, bem como de outras ferramentas para a aprendizagem baseada na Web. Ele é coeditor do livro *Electronic collaborators: Learner-centered technologies for literacy, apprenticeship, and discourse,* publicado em 1998 pela Erlbaum. Recentemente, ele propôs um modelo em dez níveis para a aprendizagem on-line. Para saber mais sobre seu trabalho, consulte o site: http://mypage.iu.edu/~cjbonk/.

Conclusão

A educação on-line parece ser um desenvolvimento relativamente positivo para o processo de ensino e aprendizagem, embora isso certamente suscite algumas questões sobre como ela poderia afetar indivíduos, organizações e a sociedade. Ela deve trazer novas oportunidades para alunos e professores, bem como para as instituições educacionais, mas poderá ter consequências adversas para alguns, o que não é possível prever neste momento. Está claro que a educação on-line impactará o acesso à educação, a economia da aprendizagem, a privacidade e a natureza das escolas. Não há dúvida de que a era da informação é um momento excitante para ser aluno, professor e administrador, ou um empreendedor educacional.

Ideias principais

- A questão mais significativa da educação on-line é a acessibilidade: ela aumenta ou diminui a distância entre ricos e pobres?
- A tecnologia de rede é inerentemente um bem? A educação on-line poderia trazer sérias desvantagens para certos indivíduos ou para toda a sociedade?
- As instituições educacionais estão tomando medidas apropriadas para assegurar a privacidade dos aprendizes on-line?
- A educação on-line é acessível economicamente e vantajosa?
- As escolas virtuais trazem novas oportunidades para as instituições existentes, bem como para novos tipos de organizações educacionais que venham a surgir.
- A educação on-line gera considerável resistência à mudança.

Questões para reflexão

1. A tecnologia reduz ou aumenta a distância entre ricos e pobres?
2. A tecnologia é inerentemente neutra?
3. As preocupações sobre privacidade na educação on-line são um assunto sério?
4. A aprendizagem on-line aumenta ou diminui os custos da educação (ou nenhum dos dois)?
5. As escolas virtuais vão melhorar ou piorar a qualidade da educação?
6. Em sua opinião, qual é a melhor maneira de lidar com a resistência à mudança?

11

Quando os elétrons atingem a tela

Após a leitura deste capítulo, você entenderá:

- os fatores que devem ser levados em conta ao desenvolver um curso on-line;
- algumas das questões práticas associadas à educação on-line, incluindo a conexão, escolha do software e resolução de problemas.

O ciberespaço tornou-se um amplificador global para o toque humano, um veículo para conectar pessoas do mundo inteiro em novos tipos de comunidades que transcendem tempo e espaço. (Smolan e Erwitt, 1996, p. 19)

Nos capítulos anteriores, vimos as principais questões conceituais da educação on-line. Neste capítulo, trataremos de várias questões práticas que surgem durante a implementação de cursos on-line. Essas questões incluem a montagem do curso, a conexão, a obtenção de verba e recursos, a escolha do software, resolução de problemas e a decisão quanto à gestão do curso. A maior parte dessas questões depende de outras que foram apresentadas em capítulos anteriores.

Como elaborar um curso on-line

Muitos professores, escolas e organizações estão apenas começando a lidar com a educação on-line. No Capítulo 7, discutimos algumas questões associadas à elaboração e ao desenvolvimento desses cursos, mas também há muitas considerações práticas que precisam ser tratadas.

Primeiro, é bem mais fácil converter para a forma on-line uma aula já existente do que desenvolver algo completamente novo. Com um curso novo, tanto o currículo (conteúdo) como o formato de apresentação (ensino/aprendizagem on-line) têm de ser depurados simultaneamente. Se o curso vem sendo ensinado há algum tempo, e com sucesso, então é possível concentrar-se nas mudanças associadas a um novo formato de apresentação. Ao mesmo tempo, passar um curso já existente para o formato on-line normalmente exigirá algumas mudanças significativas no modo como o curso é ensinado e no conteúdo. Tendo em vista a discussão apresentada no Capítulo 6, sobre interatividade e participação do aluno, bem como o modelo do engajamento esboçado no Capítulo 5, as atividades de aprendizagem em um curso on-line provavelmente serão bem diferentes daquelas vistas em sala de aula.

De fato, o ponto de partida para criar um curso on-line (além de metas/objetivos) é a definição das atividades e exercícios para os alunos. A natureza dessas atividades determinará o nível de interatividade e participação no curso. Por exemplo, solicitar aos alunos que postem suas respostas a uma pergunta em um fórum de discussão garante certo nível de interação (ler as respostas uns dos outros). Pedir aos alunos que enviem um relatório para o professor e dar um *feedback* sobre o trabalho a cada um representa outro tipo de interatividade. E direcionar os alunos para que façam uma prova ou um teste on-line, fornecendo-lhes suas pontuações e *feedback* sobre as questões corretas/incorretas, é ainda outro tipo de interação. A forma das tarefas dependerá dos objetivos/metas da aprendizagem e das ferramentas on-line disponíveis.

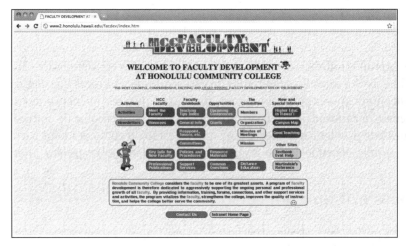

Muitas faculdades e universidades têm excelentes programas de desenvolvimento para docentes que oferecem apoio para o desenvolvimento de cursos on-line. Um exemplo é o sistema do Hawaii Community College (http://honolulu.hawaii.edu/intranet/committees/FacDevCom/index.htm).

Outra decisão a ser tomada é a extensão em que os alunos trabalharão individualmente ou em grupos. Os alunos poderão trabalhar juntos nos projetos principais, mas realizar atividades semanais sozinhos. Ou então todas as tarefas poderão ser feitas em colaboração, seja com os mesmos parceiros ou em grupos diferentes a cada semana. Toda vez que os alunos estiverem trabalhando em colaboração, será necessária uma metodologia para definir a composição do grupo – se aleatória, autosselecionada ou baseada em interesses comuns. Os grupos poderão designar um líder, não ter líder algum ou definir papéis para cada um deles. Como muitos estudantes não têm experiência com trabalho em grupo, precisarão de orientação sobre como proceder em ambiente no qual se trabalha em equipe. A não ser que esses procedimentos sejam estabelecidos pelo software (programas de *groupware*), caberá ao professor definir e explicar todos os parâmetros da interação em grupo.

Uma vez tomadas essas decisões sobre a natureza da interatividade e da participação do aluno, é o momento de desenvolver os documentos do curso descritos no Capítulo 7: ementa, plano de aula e guia de estudo. A natureza exata do curso dependerá em grande parte das ferramentas disponíveis e do ambiente on-line a ser utilizado. O processo de desenvolvimento será criado pelos membros da equipe envolvidos – graças a suas habilidades com design e experiência em educação on-line.

Para muitos professores, o aspecto mais difícil na criação de um curso on-line é lidar com sua propensão a dar aulas. Não é fácil de aceitar a mudança de apresentador para facilitador ou moderador. Se um curso on-line for elaborado para seguir o modelo do engajamento apresentado no Capítulo 5, e incluir uma ementa e um guia de estudos bem-feitos, haverá pouca necessidade de o professor precisar vir a dar aulas. Muitos docentes, porém, ainda sentem necessidade de dá-las via segmentos digitais de áudio/vídeo ou conferência em tempo real. Embora essas aulas possam aumentar a eficácia do curso (ou pelo menos torná-lo mais interessante), também poderão distrair a atenção das atividades de aprendizagem que envolvem interação e participação do aluno – que deveriam ser a principal função de um professor on-line.

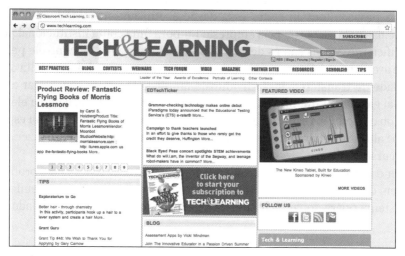

O site Tech & Learning (http://www.techlearning.com) é uma fonte de ideias sobre ensino on-line, bem como para resenhas de softwares.

162 | Educação on-line

Uma última recomendação para criar o primeiro curso on-line é começar com um piloto ou protótipo. Antes de despender muito esforço na elaboração e no desenvolvimento de um curso completo, faça uma ou duas amostras dele e experimente-as com alguns alunos. Um estudo piloto poderá identificar quaisquer problemas mais relevantes com o projeto e evitar perda de tempo e esforço em vão. O ideal é que a versão completa do curso seja também testada com um pequeno grupo de alunos antes de oferecê-la em definitivo, de modo que se possam detectar e resolver problemas. A condução do teste piloto é um aspecto importante das medidas de controle de qualidade discutidas no Capítulo 9.

Conexão

Como já foi dito muitas vezes neste livro, a educação on-line só funciona se todos os envolvidos (estudantes, corpo docente e funcionários administrativos) tiverem acesso regular a computadores e redes. Essa condição, no entanto, varia consideravelmente entre os indivíduos e as instituições. De modo geral, a maioria dos estudantes de curso superior e funcionários de grandes organizações satisfaz essa condição, o que não acontece nos ambientes escolares e nas pequenas organizações. Outras complicações associadas a condições socioeconômicas, cultura e necessidades especiais foram discutidas nos capítulos 5 e 10.

Problemas de acesso precisam ser resolvidos em dois níveis básicos: individual e institucional. No nível individual, alunos e funcionários precisam ter as próprias contas de acesso à rede, oferecidas por um provedor. Essa conta tem um custo de pelo menos US$ 20 por mês,[1] dependendo do tipo de conexão. Muitas pessoas tentam evitar essa despesa utilizando contas institucionais fornecidas pela escola ou pela empresa. Embora uma conta institucional possa ser suficiente, várias são as desvantagens, incluindo falta de controle pessoal sobre arquivos e acessos, problemas potenciais de confiabilidade e falta de capacidade de transferência. Indivíduos e famílias deveriam considerar a taxa mensal gasta com um provedor como uma despesa essencial, como a eletricidade ou o telefone. Instituições que ofereçam educação on-line devem esperar que os alunos tenham uma conexão ISP[2] como pré-requisito para fazer qualquer curso on-line.

Ter o hardware e o software adequados para acessar redes não é problema hoje em dia. A maior parte dos computadores[3] vem com um modem embutido e o sistema operacional inclui um navegador (*browser*) com capacidade para

---

[1] O custo, no Brasil, varia de acordo com a velocidade que se contrata. (NRT)

[2] No país, as instituições credenciadas para EaD precisam oferecer polos presenciais para atender os alunos que não possuem computadores e internet. (NRT)

[3] Aqui, ainda existem muitos computadores em que o modem não vem incluído. (NRT)

enviar e receber mensagens de e-mail. Configurar o hardware e o software com as IDs e as senhas de rede pode ser um desafio, embora não mais que configurar qualquer outro aplicativo (e entra na categoria de conhecimentos básicos de informática, como vimos no Capítulo 5). Se a conexão envolver uma LAN, banda larga ou capacidade para multimídia (como videoconferência), será mais complicado e poderá exigir assistência técnica. Essa assistência deve ser oferecida pelo provedor (ISP), pelos fabricantes dos produtos utilizados ou pela instituição a que se está conectado. Instalar novas versões do software de rede ou aprender novos tipos de aplicativos de rede é uma tarefa contínua que cada usuário deve aceitar.

A conexão em nível institucional envolve um esforço muito mais complexo. O tipo de conexão de rede apropriado para determinada escola ou organização depende de seu tamanho (número de alunos/funcionários/clientes) e da natureza dos aplicativos on-line. Por exemplo, uma faculdade de engenharia ou de medicina que estiver oferecendo programas computacionais intensivos (como simulações ou ferramentas de análise de dados) exigirá muita largura de banda e servidores com bastante capacidade de armazenamento. Uma escola que, no entanto, esteja oferecendo principalmente e-mail e fóruns de discussão para suas classes não precisará de muita largura de banda ou de um servidor com grande capacidade. A adição de LANs à rede ou a qualquer forma de computação multimídia (como *streaming*, áudio/vídeo ou videoconferência) exigirá uma largura de banda bem maior e também maior capacidade de processamento.

Todos os fabricantes de tecnologia oferecem suporte on-line para seus produtos – como a Oracle (http://www.oracle.com/us/sun/index.html). Esses sites podem ser um recurso útil para resolver problemas de rede.

Determinar exatamente o hardware, o software e o equipamento de telecomunicações necessários para uma instituição requer um considerável conhecimento técnico. Grandes organizações e sistemas escolares terão pessoas dedicadas a essa tarefa – inicialmente não só para a instalação de redes, mas também para sua manutenção e atualização. (Algo que se pode dizer com certeza sobre as redes é que precisarão de manutenção e atualização.) Em empresas e escolas menores, os fabricantes provavelmente fornecerão suporte de rede ou haverá consultores que darão a assistência necessária. Em alguns casos, o pessoal da área de ensino e os alunos serão convocados para dar suporte de rede caso tenham a formação técnica ou o treinamento necessários.

A maioria das instituições possui um plano de tecnologia que tenta descrever as necessidades de rede atuais e futuras. Dados sobre aplicativos e uso da rede são coletados periodicamente entre os usuários. Planejadores de rede também precisam monitorar novos desenvolvimentos em tecnologia (veja o próximo capítulo), além de estudar o que outras instituições estão fazendo. Prever as necessidades de rede é uma tarefa difícil, mas essencial, pois geralmente são necessários longos períodos (de um a dois anos) para implementar novas capacidades de rede. Organizações bem administradas podem oferecer, de maneira oportuna, capacidades adicionais de rede porque antecipam necessidades e inserem novas capacidades antes mesmo de seu uso efetivo.

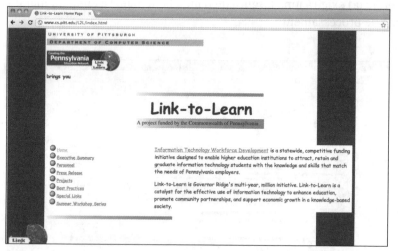

Nos Estados Unidos, muitos estados criaram vastos recursos on-line para seus sistemas escolares, incluindo informações sobre treinamento e financiamento de tecnologia. Um exemplo é a rede Link to Learn, da University of Pittsburgh na Pensilvânia (http://www.cs.pitt.edu/L2L/index.html).

Financiamento e recursos

No capítulo anterior, tratamos brevemente dos custos e benefícios da educação on-line. Obter dinheiro e recursos (instalações, funcionários) para implementar e manter redes é um grande problema para todo administrador ou gestor educacional. As redes parecem vórtices financeiros, sugando verba e recursos com a mesma rapidez em que estes são obtidos. A razão é que as capacidades de rede são ilimitadas e podem se expandir tão rápido quanto as pessoas tomam conhecimento delas.

A maioria das instituições e organizações reconhece os custos de rede como um item regular do orçamento e, portanto, estes fazem parte do planejamento. Para muitos estabelecimentos de ensino, entretanto, é difícil tirar mais dinheiro de seus orçamentos para aplicar em tecnologia (ou qualquer outra coisa). Sendo assim, precisam de ajuda externa na forma de subvenções ou doações. Alguns escolas estabelecem parcerias com empresas de tecnologia ou de telecomunicações, que doam equipamento e serviços de suporte. Outras escolas buscam verba estadual ou federal ou, no caso de faculdades e universidades, doações particulares.

O site da Pitsco (http://www.pitsco.com) traz um guia bastante abrangente para recursos e financiamentos, bem como informações sobre vários tópicos tratados em capítulos anteriores. Também hospeda a página "Ask an Expert" ("Pergunte a um Especialista") – um recurso especial para estudantes.

No Capítulo 8, discutimos sobre instalações de rede e sobre os profissionais que atuam nessa área. As instalações tendem a ser o problema menos significativo, já que o equipamento de rede geralmente não requer muito espaço fí-

166 | Educação on-line

sico. Quando as instalações necessárias incluem, porém, laboratórios de informática ou salas de aula eletrônicas, as coisas tornam-se mais complicadas. Na maioria dos casos, as salas de aula são vistoriadas para o uso de computadores – algo que pode ser feito sem muitos gastos ou de maneira sofisticada, dependendo das motivações políticas associadas ao uso da tecnologia. Por exemplo, em uma universidade importante, foi criada uma sala de aula eletrônica a um custo modesto, com móveis e sistemas de computadores padronizados, enquanto em outra foram utilizados móveis, computadores e outros objetos, todos por encomenda, que custaram enorme quantia em dinheiro. Essa última foi financiada com doações de particulares, ao passo que a primeira utilizou fundos orçamentários regulares.

Profissionais especializados costumam ser o maior problema para a maioria das escolas e organizações educacionais. A maior parte das faculdades conta com os próprios alunos (especialmente estudantes de pós-graduação em engenharia e ciências da computação) para suporte de rede. As escolas tendem a extrair o máximo de professores com formação técnica. Sistemas escolares maiores geralmente têm um número limitado de pessoal técnico que atende a todo o sistema. Muitas escolas e pequenas organizações fazem uso extensivo de consultores e fabricantes para terem suporte de rede, evitando assim a necessidade de pagar salários. Grandes organizações muitas vezes têm os próprios profissionais para dar suporte de rede e que fazem parte do departamento de tecnologia da informação. No entanto, mesmo quando há verba para contratar esses profissionais, costuma ser difícil encontrar indivíduos devidamente qualificados e/ou mantê-los atualizados sobre tecnologia.[4] Ironicamente, esta é uma área em que a educação on-line pode fazer uma importante contribuição: treinamento e retreinamento de pessoal para suporte de rede. Todas as empresas de tecnologia de rede (por exemplo, Microsoft, Cisco, IBM) oferecem treinamento on-line para seus produtos.

Em grande parte, o sucesso de administradores e gestores em obter verba para financiar suas atividades na rede afetará a viabilidade de suas instituições e organizações. À medida que aumenta a participação da educação on-line em todas as ofertas educacionais, esse financiamento será uma das principais preocupações financeiras dos educadores no século XXI.

A escolha do software

A escolha do software a ser utilizado é um processo decisório que segue em todos os níveis da educação on-line. Os alunos precisam tomar decisões sobre os

---

[4] No Brasil, temos muitos profissionais atualizados no trabalho com as Tecnologias da Informação e Comunicação (TIC), mas ainda não são suficientes para a demanda crescente da área. (NRT)

aplicativos e o navegador que utilizarão (embora a Microsoft tente manter as opções limitadas a seus produtos). Professores e desenvolvedores de cursos tomam decisões sobre quais os aplicativos on-line e ambientes de criação a ser utilizados (capítulos 3 e 7). Administradores de rede tomam decisões sobre quais ambientes on-line serão implementados e receberão suporte, bem como o servidor e o software de telecomunicações a serem usados. Todas essas decisões têm implicações financeiras e instrucionais.

Os custos de software tendem a ser pagos pelas instituições, e não pelos alunos. Por exemplo, quando uma escola oferece um curso utilizando um ambiente on-line como o WebCT ou Lotus Learning, ela paga uma taxa de licença pelo uso por parte dos alunos. Os custos do software do servidor também são pagos pela instituição. Os alunos não pagam nem seus aplicativos nem o software de navegação, pois isso geralmente acompanha o sistema que eles compram. Programas mais avançados, como ferramentas de multimídia, geralmente estão disponíveis como *downloads* gratuitos, pelo menos para um período limitado de avaliação. Do ponto de vista do aluno (e do professor), o único custo real associado a software é o tempo necessário para aprender a usá-lo, daí a tendência de o software ser valorizado em termos de sua utilidade e usabilidade.

As instituições tendem a escolher o software com base em taxas de licenciamento, confiabilidade e suporte. Confiabilidade e suporte (assistência) são, em grande parte, função da longevidade; isto é, produtos que estão a mais tempo no mercado tendem a ser os mais confiáveis e com melhor assistência. Por exemplo, muitos produtos comerciais (como o Netscape e o CuSeeMe) têm suas origens em programas de domínio público desenvolvidos pela comunidade acadêmica, onde passaram por testes rigorosos e uso extensivo antes de se tornarem produtos. Como regra, a escolha do software na maioria das instituições não é particularmente racional e está sujeita a preferências pessoais (e por vezes caprichosas) de importantes tomadores de decisão. Grandes sistemas escolares tendem a ter critérios formais de avaliação e um processo de seleção para fazer compras de software, embora individualmente as escolas possam ignorar essas decisões. Nas instituições de ensino superior, um comitê consultivo geralmente examina as decisões relativas ao software, mas cada departamento e cada membro do corpo docente possui considerável autonomia.

Há também o fator "moda" na seleção do software de rede. Novos programas atraem comunidades de uso nas escolas, as quais fazem proselitismo para esses programas. Dado o poder das redes de atingir muitos indivíduos em pouco tempo, não causa surpresa que esses proselitistas sejam capazes de promover seu software favorito de maneira muito eficaz. Geralmente surgem fortes rivalidades entre grupos de diferentes instituições que defendem programas similares. Uma vez, no entanto, que um programa é aceito em várias instituições, ele se consolida no mundo educacional, torna-se muito conhecido e amplamente utilizado. Esses programas nem sempre são os melhores de sua categoria, mas são aqueles favorecidos pelas circunstâncias.

Provavelmente, o aspecto mais frustrante da escolha do software, para todos os interessados, seja seu tempo de vida curto. Parece que poucos programas de rede possuem um tempo de vida maior que um ou dois anos entre as principais revisões ou até a sua obsolescência. Consequentemente, há uma constante necessidade de atualização ou mudança de software. A decisão de não atualizá-lo ou mudá-lo significa que você ficará defasado em relação aos outros e, finalmente, não mais poderá ler arquivos que lhe são enviados. A maneira mais simples de lidar com esse dilema é substituir o computador depois de alguns anos, supondo que ele venha com o software mais atual instalado.

Resolução de problemas

Uma habilidade geral necessária a todo usuário de computadores é a resolução de problemas – ser capaz de saber por que algo não está funcionando e repará-lo. Essa habilidade é especialmente importante para atividades on-line, que tendem a ser aplicativos razoavelmente complicados. Os softwares de rede, incluindo navegadores (*browsers*) e ambientes de aprendizagem, tornam a realização de tarefas algo relativamente fácil, mas as coisas também costumam dar errado, com certa frequência.

Provavelmente o problema mais comum enfrentado pelos usuários on-line seja a falha na conexão com a rede. Há muitas razões possíveis: um servidor de rede ou um roteador não está funcionando, a linha telefônica está desconectada, a configuração do sistema mudou ou há algum problema no modem. Sempre que há senhas envolvidas, as pessoas poderão esquecê-las ou digitá-las errado. Os URLs da Web também costumam mudar ou ser digitadas incorretamente.

Outro problema comum ocorre com tipos de arquivo incorretos. As pessoas não conseguem baixar ou abrir um arquivo porque o software que possuem não pode lê-lo. Isso acontece frequentemente com arquivos anexos em e-mails porque o programa de e-mail não está configurado para abrir esse tipo de arquivo. Ou o arquivo foi criado com um aplicativo em versão diferente (mais antiga ou mais nova) daquela disponível em seu computador. E arquivos gráficos sempre são arriscados, dado o número de diferentes formatos. Felizmente, programas como Adobe Acrobat (formato PDF) e RealMedia criam padrões para certos tipos de arquivo.

Qualquer um que exerça atividades de ensino on-line tem de despender muito tempo ajudando os alunos a resolver seus problemas de rede. Uma das maneiras de minimizar esse tempo é tentar fazer todos os alunos usar o mesmo software. A principal virtude dos ambientes de aprendizagem on-line que oferecem ferramentas integradas é que diminuem a variabilidade de software entre os alunos e facilitam a resolução de problemas. Outra técnica útil é desenvolver uma página FAQ que os alunos possam consultar caso tenham dificuldades (supondo que possam estar on-line). Fabricantes de software que oferecem ligações gratuitas ou suporte para seus produtos também ajudam a reduzir a carga de resolução de problemas do professor.

Nem todos os problemas encontrados em cursos on-line resultam de software de rede ou de sistemas de computadores; alguns se devem a erros ou ambiguidades no material do curso (por exemplo, datas erradas, links defeituosos, conteúdo ausente). Esses erros devem ser detectados pelos esforços de controle de qualidade (teste piloto, revisões técnicas), mas esses esforços em geral não ocorrem nos ambientes educacionais. Embora esses problemas em geral não tenham nada a ver especificamente com os aspectos de rede, tendem a ser percebidos como deficiências da educação on-line. De qualquer forma, precisam ser retificados pela equipe do curso.

Assim como o desenvolvimento de um curso on-line normalmente é fruto de um esforço de equipe, o mesmo acontece com a resolução de problemas. Embora o professor carregue o fardo mais pesado de responsabilidade pelos problemas, é necessário o concurso de profissionais para o suporte técnico. No Brasil, os profissionais são contratados que possam lidar com as dificuldades na rede, e também de pessoal para suporte administrativo que possa cuidar desses assuntos.

O Journal Online (http://www.thejournal.com) não só contém artigos sobre aplicativos tecnológicos, mas também oferece um mapa da internet.

Cada um desses indivíduos pode servir como uma interface para outros tipos de profissionais de suporte na instituição (como aconselhamento, auxílio financeiro, assistência aos alunos ou orientação em informática).

Nunca é demais enfatizar a importância de bons procedimentos para resolução de problemas na educação on-line. Os alunos (bem como os docentes) geralmente ficam isolados, sem recursos ou assistência locais, e dependem de suporte remoto para lidar com seus problemas e resolvê-los. Se estes não forem resolvidos prontamente, acabam impedindo o progresso da aprendizagem e logo diminuem a motivação para continuar aprendendo. Em última análise, a eficácia na resolução de problemas afeta o sucesso dos cursos on-line.

Mariano Bernardez: desenvolvimento profissional on-line

Mariano Bernardez é um consultor de treinamento muito conhecido que vive em Buenos Aires, Argentina. Em 1998, fundou a Performance Improvement Global Network (PIGN), um ramo da organização ISPI (http://pignc-ispi.com). A PIGN é uma das primeiras divisões virtuais (e bilíngues) de uma associação profissional. Ela oferece várias fontes de informação e oportunidades de discussão a membros da ISPI e à comunidade de treinamento – sendo também ótima demonstração de como as redes podem ligar dois continentes.

Conclusão

Este capítulo trata apenas de algumas das questões práticas que os educadores terão pela frente enquanto implementam a educação on-line. Qualquer um que se proponha a elaborar ou ministrar um curso on-line, seja professor, administrador ou designer instrucional, precisa estar ciente de certos fatores: 1) procure na Web cursos on-line que envolvam conteúdo, alunos, ferramentas ou objetivos semelhantes e estude-os; 2) converse com outras pessoas, de sua instituição ou de outras, que já tiveram de lidar com o que você planeja fazer; 3) faça um curso on-line, caso não tenha nenhuma experiência com essa forma de aprendizagem; 4) monte uma equipe para elaborar o curso e prestar assistência; 5) certifique-se de que sua instituição ou organização esteja preparada para a educação on-line. Será difícil determinar esse último item, caso você seja o primeiro a tentar ministrar um curso on-line, mas examinar com cuidado as questões apresentadas nos capítulos 8 e 9 poderá ajudá-lo.

Uma das maneiras mais fáceis de tirar proveito de informações e ideias sobre educação on-line (além da navegação na Web) é participar de uma conferência de qualquer organização dedicada à tecnologia educacional (veja o Capítulo 13) ou educação/treinamento em determinada área. Conferências são uma oportunidade para aprender com a experiência dos outros e assistir a demonstrações de softwares e sistemas, além de avaliar as tendências atuais.

Ideias principais

- Ao desenvolver um curso on-line pela primeira vez, tente trabalhar a partir de algo já existente, concentrando-se na natureza das atividades/exercícios e no trabalho em grupo.
- Aqueles que oferecem cursos on-line precisam certificar-se de que as conexões de rede estejam disponíveis tanto para os indivíduos como para as instituições.
- Os custos de rede para equipamentos, instalações e funcionários poderão exigir mudanças de orçamento ou financiamento especial.
- A escolha do software de rede é, principalmente, um problema institucional; as decisões baseiam-se nos custos, nas capacidades e na extensão de uso.
- Cursos on-line requerem esforços contínuos de resolução de problemas para que possam funcionar tranquilamente.

Questões para reflexão

1. Há alguma vantagem em escolher um curso completamente novo na modalidade on-line (em vez de um já existente)?
2. Se você fosse a primeira pessoa a desenvolver e oferecer um curso on-line em seu ambiente, com que deveria se preocupar?
3. Na sua opinião, qual é o aspecto mais difícil da conexão para os novos usuários de rede?
4. Você acha que o financiamento para a implementação de redes sempre será um problema ou isso se tornará menos importante com o passar do tempo? Por quê?
5. Em termos de escolha de software, você pode sugerir algumas considerações adicionais que deveriam ser levadas em conta além do que já foi mencionado?
6. Que tipos de soluções você propõe para resolver problemas em cursos on-line?

12

Direções futuras

Após a leitura deste capítulo, você entenderá:

- os prováveis rumos da evolução tecnológica;
- que ninguém sabe aonde tudo isso vai dar.

Ao longo da Revolução Industrial, os motores diminuíram de tamanho e custo, aparelhos domésticos e ferramentas de trabalho desapareceram e novos tipos de máquina foram criados. Em um processo semelhante, estamos agora trazendo os computadores e as telecomunicações para o nosso dia a dia, possibilitando a existência de três novos tipos de dispositivos de aprendizagem. Objetos inteligentes, com microprocessadores embutidos e rede sem fio, explicam o próprio funcionamento e nos ajudam a criar ambientes educacionais "articulados" que se comunicam com seus habitantes. As infraestruturas de informação oferecem acesso remoto a especialistas, arquivos de recursos interligados, comunidades virtuais e investigações "distribuídas" que envolvem muitos participantes em diferentes locais. Ambientes sintéticos compartilhados, ao nos imergir em ilusão, ajudam a desenvolver melhor entendimento e apreciação da realidade. As novas mensagens que emergem dessas novas mídias podem melhorar extraordinariamente a qualidade dos resultados instrucionais, mas essa evolução da prática educacional depende da cuidadosa elaboração da interface entre dispositivos, aprendizes e professores. (Dede, 1996)

Até agora, neste livro, examinamos a educação on-line como ela é hoje. Entretanto, há muitas possibilidades interessantes para a utilização das redes no futuro. Este capítulo considera algumas dessas aplicações potenciais e, é claro, sabemos que tentar prever o futuro é tolice e deve ser visto apenas como um exercício puramente especulativo; no entanto, a citação de abertura de Chris Dede (um futurista por treinamento) sugere algumas boas conjecturas.

Computação em tudo

Um dos desenvolvimentos tecnológicos que parece de mais fácil previsão é a predominância cada vez maior de microprocessadores em todos os objetos – tornando-os "inteligentes". Já nos acostumamos a computadores em automóveis e em cafeteiras, mas muitos acreditam que isso seja só o começo. Por exemplo, prevê-se que teremos computadores embutidos em roupas e joias, bem como em móveis domésticos. O objetivo desses microprocessadores será processar dados para preferências pessoais, segurança ou conexão em rede. Não será necessário ter um computador à mão para poder receber mensagens de e-mail ou buscar informações, pois sua camisa ou seu sofá serão capazes de realizar essas funções. É claro que essas aplicações baseiam-se em uma interação verbal entre humanos e computadores, algo há muito previsto, mas cuja materialização é lenta.

A DARPA (Defense Advanced Research Projects Agency), um dos mais influentes laboratórios de P&D na área da informática e que atua no Departamento de Defesa do governo dos Estados Unidos, tem dado contribuições significativas à natureza dos computadores pessoais e da conexão em rede (http://www.darpa.mil/Our_Work/I2O/).

Um elemento fundamental da computação ubíqua é a rede sem fio. Já temos formas simples de rede sem fio – o uso destas conexões (WAN) aliadas a servidores em ambientes de LAN (rede local) ou conexão sem fio via celular (3G). As formas atuais de redes sem fio via celular são, porém, menos confiáveis e mais caras que a conexão direta (com fio). Com a melhoria de serviços de telefonia celular baseada em satélite, e a chegada de conexões via celular 3G+ e 4G, provavelmente haverá uma mudança para a utilização de conexão sem fio através das redes de telefonia celular. No entanto, o tipo de computação ubíqua imaginada por muitos exigirá formas bem mais robustas de redes sem fio que aquelas disponíveis atualmente.

Qual é a importância da computação ubíqua para a educação? As atividades de aprendizagem on-line poderão ser conduzidas em espectro muito mais amplo e natural de ambientes, pois não será necessário ter alunos sentados diante de computadores em laboratórios ou mesas. Talvez também reduza o dilema de "pobres e ricos", porque a capacidade de computação estaria em toda parte, e não restrita aos bem-nascidos. O fato de dispor de máquinas mais inteligentes tornará mais fácil o uso de recursos computacionais para a aprendizagem.

Softwares inteligentes

Correlacionado à emergência da computação ubíqua está o desenvolvimento de softwares inteligentes – programas capazes de tomar decisões autônomas baseadas no *input* recebido ou no que eles percebem sobre o estado do ambiente. No caso da computação ubíqua, essas decisões muito provavelmente envolverão preferências pessoais ou procedimentos de rotina, como acender as luzes e deixá-las em níveis apropriados, ou conectar-se a uma rede e automaticamente verificar mensagens de e-mail assim que você entrar no escritório. Embora essas ações sejam relativamente prosaicas, representam pequenas decisões com as quais as pessoas não precisariam se preocupar e são relativamente fáceis e seguras para que os computadores possam executá-las.

Uma grande diversidade de softwares inteligentes provavelmente tomará a forma de "agentes" – programas que são capazes de desempenhar uma tarefa especializada, como formular uma mensagem de e-mail, conduzir uma busca regular em um banco de dados ou montar uma planilha para determinado tipo de análise. De fato, muitos aplicativos, como os processadores de texto e os programas de *slideshow*, já incluem agentes (chamados "wizards") que automaticamente cuidam da formatação ou das decisões sobre layout. Uma classe mais poderosa de agentes, porém, terá entendimento suficiente de seu domínio (bem como da natureza humana) para poder desempenhar tarefas que, atualmente, requerem tomadas de decisões mais complexas. Também é provável que esses agentes venham a ser orientados por controle de voz, permitindo aos computadores reconhecer e executar comandos verbais – por exemplo, "Envie uma mensagem de e-mail para meu marido e diga a ele que vou me atrasar para o jantar".

No domínio instrucional, têm sido realizados esforços a fim de desenvolver softwares inteligentes para a aprendizagem há muitos anos sob a denominação de "sistemas de tutoria inteligentes" (veja, por exemplo, Farr e Psotka, 1992; Poulson e Richardson, 1988). A ideia por trás dos sistemas de tutoria inteligente foi criar programas que entendessem o suficiente sobre determinado assunto ou tarefa para serem capazes de responder perguntas dos alunos e dar a eles notas – em essência, simulam um professor especializado. Esses sistemas, no entanto, se mostraram muitíssimo caros e levavam muito tempo para serem desenvolvidos, e, consequentemente, a partir daí não tiveram aplicações práticas. Talvez, em algum momento no futuro, esse método venha a ser mais viável –

176 | Educação on-line

embora o desenvolvimento de agentes inteligentes para programas utilizados em aplicativos educacionais pareça valer mais a pena.

A fusão entre televisão, telecomunicações e computação

Um desenvolvimento há muito previsto, e só recentemente materializado, é a fusão entre televisão, telecomunicações e computação. Esse desenvolvimento é demonstrado com mais evidência pela Web-TV – a capacidade de acessar a Web, em um aparelho de televisão especialmente equipado, por meio dos serviços oferecidos por provedores de TV a cabo e via satélite. Passar o conteúdo da televisão, como filmes, *home shopping* ou programas de entrevistas, para a Web (usando o vídeo digital) é a força comercial por trás desse desenvolvimento. As empresas de mídia acreditam que podem ganhar mais dinheiro se puderem oferecer conteúdo personalizado diretamente nas casas das pessoas, especialmente em um contexto interativo, no qual seja possível fazer pedidos, ou caso as pessoas possam participar ativamente da programação.

As implicações desse desenvolvimento para a educação já são evidentes. As redes de televisão (como CNN e Discovery) criaram sites que oferecem material de ensino para professores e funcionam como apoio para a sua programação – esperando que esse material com valor agregado torne suas transmissões mais úteis (e utilizadas) em salas de aula. Uma vez que a largura de banda suficiente para fornecer vídeo on-line esteja disponível, há poucas dúvidas de que as redes farão um pacote e comercializarão sua programação diretamente para escolas, pais e alunos. Essa comercialização não será diferente da que as editoras têm feito há anos, exceto pelo fato de que o conteúdo será mais dinâmico e atraente que o material impresso.

Essa fusão dos setores de telecomunicações e informática também deverá tornar a conferência em tempo real (especialmente a videoconferência) uma forma mais viável de interação, particularmente se televisões digitais puderem ser usadas como dispositivos para conferência. Se o custo tornar-se razoável (equivalente a uma chamada telefônica) e a qualidade do vídeo for boa (pelo menos 30 quadros por segundo), as pessoas provavelmente utilizarão muito a conferência. Isso aumentaria a interação entre aluno e professor nos cursos on--line, bem como tornaria mais fácil e mais interessante a participação de convidados remotos.

Ambientes virtuais

No Capítulo 3, discutimos brevemente o valor da simulação como metodologia instrucional. Uma versão ainda melhor da simulação é a realidade virtual – que, basicamente, é a simulação em 3D com *input* e *output* sensório-motores. Em um ambiente virtual, os alunos têm experiências de aprendizagem realísticas que incluem a capacidade de manipular objetos ou navegar em representações 3D de mundos reais ou imaginários. Aplicações óbvias para a realidade virtual são os laboratórios científicos ou médicos que envolvem trabalho simulado com equipamentos ou entidades biológicas. Mais interessante ainda são os mundos virtuais para matemática, astronomia ou geologia, que incluem representações visuais de conceitos abstratos. Também é provável que a realidade virtual venha a ser usada extensivamente nas ciências humanas e nas belas-artes, onde poderá ampliar as modalidades de expressão tradicionais.

A realidade virtual também pode ser utilizada na interação interpessoal para criar ambientes sintéticos compartilhados. Este é o equivalente 3D dos MUDs/MOOs discutidos no Capítulo 3. Em vez de se limitar a descrições digitadas por outros indivíduos, as pessoas podem ver e tocar representações em 3D chamadas "avatares". Teoricamente, pode-se conduzir, em um ambiente de realidade virtual, qualquer tipo de atividade em grupo ou equipe que seria feita no mundo real, a não ser pelo fato de que o ambiente virtual não se prende às leis da física ou da biologia. Sendo assim, os alunos poderiam explorar o espaço, viajar no interior do corpo humano ou de volta no tempo. De fato, podemos esperar o uso da tecnologia de realidade virtual na Disney World muito antes de ela aparecer nas salas de aula!

Infelizmente, a criação de ambientes de realidade virtual é um processo longo e muito caro, o que ainda limita suas aplicações educacionais. Podemos esperar, no entanto, que seja usada em treinamentos (especialmente militar e em companhias aéreas). A aplicação da realidade virtual na educação científica, por exemplo, é demonstrada pelo projeto Science Space (http://www.virtual.gmu.edu/). Para obter mais informações sobre realidade virtual e sua aplicação nas escolas, consulte o boletim informativo VR & Schools em http://vr.coe.ecu.edu/pub.htm.

Processamento da fala

Uma das suposições feitas por muitos escritores de ficção científica e aqueles que escrevem sobre cenários futuros é que as pessoas vão interagir com os computadores principalmente via comando verbal. O *input* e o *output* de dados verbais são vistos como uma forma mais natural de interação que o uso do teclado e do mouse. Uma vez que permite uma interação com as mãos livres, será adequado a dispositivos computacionais que poderiam ser usados como adereços (o proverbial "relógio" de Dick Tracy) ou embutidos em móveis.

Mesmo que as capacidades de *input* e *output* de voz já estejam disponíveis há muitos anos, seu uso efetivo tem sido lento. A razão, em parte, é que as atuais

178 | Educação on-line

capacidades de processamento de voz são limitadas, é difícil entender a fala sintetizada e, quanto ao reconhecimento da fala natural, apenas um pequeno número isolado de palavras pode ser processado. É razoável esperar que, com um sistema de sintetização e reconhecimento de melhor qualidade, as pessoas possam usá-lo com mais frequência. Outra questão, porém, é que o *input* dos dados de voz não permite uma interação particular com o computador, o que pode ser um problema em um escritório ou laboratório de ensino. Talvez, à medida que as pessoas se acostumem com o uso do *input* e *output* de voz no contexto das conferências on-line possa haver maior aceitação do processamento de voz.

Esse processamento apresenta muitos benefícios potenciais para a educação. Os programas para aprendizagem de línguas têm aproveitado as capacidades atuais de sintetização e reconhecimento de voz na prática da pronúncia. Os *inputs* e *outputs* de dados de voz também são muito úteis para crianças que estão aprendendo a falar e ler. Em certos ambientes de treinamento, como controle de tráfego aéreo ou serviços de emergência, as capacidades de processamento de voz são parte importante das simulações. E os programas de conversão de texto para fala são um componente essencial para usuários com deficiência visual. Muitos aplicativos educacionais ficariam melhores com o uso de *input/output* de voz.

Para saber mais sobre tecnologia e pesquisa sobre processamento de voz, consulte o site Speech da Carnegie Mellon University (http://www.speech.cs.cmu.edu/speech), que também fornece links para muitos outros sites relacionados.

Tradução automática

Um dos aspectos mais interessantes das redes globais é permitir que pessoas de todas as nações interajam com facilidade. Isso é especialmente verdadeiro no caso da educação on-line, em que os cursos podem envolver participantes de qualquer parte do mundo. As pessoas, no entanto, falam diferentes línguas, o que dificulta a comunicação. Esse problema tende a piorar à medida que mais pessoas se encontram on-line. A solução ideal são os programas de tradução automática que convertem texto de uma língua para outra. Esse tipo de software está disponível para muitas línguas e é usado por tradutores, no entanto, os softwares de tradução tendem a ser caros[1] e não suficientemente sofisticados para serem usados por pessoas que não estão familiarizadas com as línguas envolvidas. A demanda por essa capacidade, porém, está aumentando e os softwa-

---

[1] Atualmente, as pessoas utilizam os tradutores disponíveis na Web, os usuários caseiros não estão muito preocupados com a qualidade da tradução e sim com a comunicação final. (NRT)

res de tradução vão sendo aperfeiçoados. O ideal seria que esses programas estivessem embutidos em softwares de e-mail e processadores de texto, de modo que possam ser usados quando forem necessários.

O sistema Google Translate (http://translate.google.com/) oferece traduções automáticas.

A ampla disponibilidade de bons softwares de tradução teria um efeito interessante na compreensão intercultural e na geopolítica. Removida a barreira da língua, as pessoas poderiam facilmente ler jornais, documentos oficiais e literatura acadêmica de outros países (supondo que estejam on-line). E haverá menos oportunidade para a censura que ocorre quando documentos são traduzidos por "fontes oficiais". Uma questão interessante é se a disponibilidade de softwares de tradução contribuiria para a preservação ou homogeneização de diferentes culturas.

Gestão do conhecimento

Um dos desenvolvimentos mais importantes na área de treinamento, nas últimas décadas, foi a ênfase na aprendizagem organizacional em vez da individual (veja Marquardt e Kearsley, 1999). A ideia por trás da aprendizagem organizacional é promover o compartilhamento e a acumulação de conhecimento em uma organização, capturando a experiência dos empregados e apresentando-a de uma forma que esteja facilmente disponível a todos (no presente e no futuro) os que queiram acessá-la. Esse tipo de compartilhamento de informação é mais viável em bancos de dados eletrônicos e redes, e a criação de ambos passou a se chamar gestão do conhecimento.

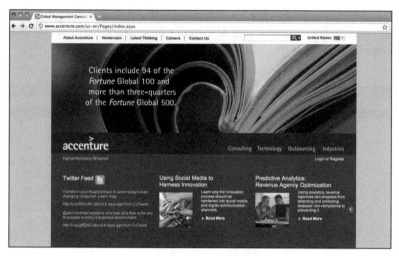

Grandes empresas de consultoria, como a Accenture (http://www.accenture.com), são boas fontes de informação sobre tecnologias emergentes e seu impacto nos negócios.

Sistemas de gestão do conhecimento podem ser criados para qualquer aspecto das operações de uma organização. Por exemplo, pode-se criar um sistema para vendas e marketing que capture todas as técnicas e estratégias usadas pelo pessoal de vendas de um empresa – incluindo detalhes sobre clientes. Por outro lado, pode-se criar um sistema para manutenção de um produto e resolução de problemas que identifique todos os problemas conhecidos e os procedimentos de reparo associados aos produtos da empresa com base nas experiências dos técnicos. Ou então desenvolver um sistema de gerenciamento que documente as boas (e más) estratégias de tomada de decisão com base no comportamento de gestores anteriores.

Embora os sistemas de gestão do conhecimento tenham evoluído no domínio corporativo, não há razão para que não pudessem ter sido desenvolvidos também por instituições educacionais. De fato, qualquer universidade ou sistema escolar é equivalente a uma grande corporação, com os mesmos tipos de preocupações comerciais (embora sem visar o lucro). Capturar e compartilhar o conhecimento de funcionários experientes (incluindo professores) é algo em que as instituições educacionais estão interessadas – daí também serem boas candidatas a sistemas de gestão do conhecimento.

Uma boa fonte de informações adicionais sobre gestão do conhecimento é o site da KM World (http://www.kmworld.com/).

Embora não especificamente voltado para a tecnologia, o Institute for the Future (http://www.iftf.org) é um "think tank" muito conhecido que faz previsões sobre tendências e desenvolvimentos emergentes na sociedade.

Paul Levinson: visionário da tecnologia da informação

Paul Levinson é professor de Comunicação e Estudos de Mídia na Fordham University em Nova York. Ele é autor de muitos livros e artigos sobre comunicações eletrônicas, incluindo *Digital McLuhan: a guide to the information millenium*, publicado em 1999 pela Routledge, e é editor do *Journal of Social and Evolutionary Systems*. Levinson é também um notável escritor de ficção científica.

Para conhecer mais sobre o trabalho de Paul Levinson, consulte o site: http://www.sff.net/people/paullevinson/#bio.

Conclusão

Este capítulo citou alguns desenvolvimentos na área da computação que provavelmente causarão impacto no futuro da educação on-line. Se essas inovações, ou outras quaisquer, realmente vão se materializar ou não, o que pode ser dito com certeza é que o século XXI trará enormes avanços no que diz respeito à informática e às redes, alterando de modo extraordinário nosso dia a dia – e a maneira como aprendemos ou ensinamos. Para mais discussões sobre tendências futuras em tecnologia, veja Dertouzos (1997), Negroponte (1995) ou Stefik (1997).

182 | Educação on-line

Ideias principais

- A computação ubíqua vai melhorar o acesso à tecnologia.
- Os softwares inteligentes farão que a tecnologia seja mais facilmente utilizada.
- A fusão entre televisão, telecomunicações e computação aumentará as capacidades de informação das redes on-line.
- A realidade virtual trará novas formas de interação on-line.
- O processamento da voz tornará a interação on-line mais natural.
- A tradução automática reduzirá as barreiras culturais e aumentará a colaboração internacional na educação on-line.
- Sistemas de gestão do conhecimento permitirão capturar experiências e *expertise* em sistemas on-line.

Questões para reflexão

1. Você conseguiria pensar em um exemplo de computação ubíqua que pudesse tornar sua vida mais confortável ou agradável?
2. Que aplicações você pode imaginar para os agentes inteligentes (educacionais ou qualquer outra)?
3. Descreva um aplicativo para a área de ensino e aprendizagem que considere interessante para a realidade virtual.
4. Que aplicativos com fins de ensino e aprendizagem poderiam seriam melhorados com o processamento de voz?
5. Como você utilizaria a tradução automática?
6. Qual seria o valor de um sistema de gestão do conhecimento na instituição educacional em que você trabalha/estuda?

13

Fontes de informações adicionais

Após a leitura deste capítulo, você saberá:

*   onde encontrar mais informações sobre educação on-line

> O mais fascinante em relação à minha experiência no ciberespaço é que, mesmo parecendo um experimento tecnológico maçante para um observador casual, se trata de uma experiência humana intensa. A transferência de bits através de fios ou ondas eletromagnéticas é apenas o meio tecnológico para o objetivo último da comunicação no ciberespaço – o compartilhamento de interesses humanos, ideias humanas, ideais humanos e paixões humanas. Esse é o ciberespaço que conheço – uma dimensão humana de potencial ilimitado tanto para o bem quanto para o mal. (Whittle, 1997, p. 412)

Embora os capítulos anteriores deste livro tenham apresentado as características básicas da educação on-line, foram feitas análises apenas superficiais. Para realmente entender a profundidade e a complexidade do assunto, você precisa estar on-line e explorar outros conteúdos. Seguem algumas ideias sobre onde começar.

Periódicos/revistas

Classroom 2.0: comunidade de educadores on-line
    (http://www.classroom20. com/)
CMC Magazine (http://www.december.com/cmc/mag/current/toc.html)
Educational Technology & Society (http://www.ifets.info/)
Education World (http://www.educationworld.com/a_tech/)
Journal of Technology and Teacher Education (JTATE)
    (http://www.aace.org/pubs/jtate/)
From Now On (http://fromnowon.org)
Journal of Asynchronous Learning Networks
    (http://sloanconsortium.org/publications/jaln_main)
Journal of Interactive Multimedia in Education (http://jime.open.ac.uk/)
Journal of Interactive Learning Research (http://www.aace.org/pubs/jilr/)

Journal of Research on Technology in Education
(http://www.iste.org/learn/publications/journals/jrte.aspx)
Journal of Technology Education (http://scholar.lib.vt.edu/ejournals/JTE/)
New Horizons for Learning (http://education.jhu.edu/newhorizons)
Learners Online (http://www.learnersonline.com)
CITE Contemporary Issues in Technology and Teacher Education
(http://www.citejournal.org)
Tech & Learning (http://www.techlearning.com)
THE Journal – Technological Horizons in Education (http://www.thejournal.com)
Internet@Schools (http://www.mmischools.com/)
First Monday (http://firstmonday.org/)
Journal of Technology, Learning and Assessment
(http://ejournals.bc.edu/ojs/index.php/jtla/)
NCREL – North Central Regional Education Laboratory
(http://www.ncrel.org/tech/)

Anais de conferências/*workshops*

Anais da AAAS Technology Education Research Conference
(http://www.project2061.org/events/meetings/technology/default.htm)
Publicações IETC – International Educational Technology Conference
(http://www.iet-c.net/publications.php)
NSF Future of Networking Technologies for Learning
(http://www.ed.gov/Technology/Futures)
Sloan Consortium International Conference on Online Learning
(http://sloanconsortium.org/conference/proceedings/index)

Associações

American Association of School Administrators (http://www.aasa.org)
American Education Research Association (http://aera.net)
American Society for Training & Development (http://www.astd.org)
Association for the Advancement of Computers in Education
(http://www.aace.org)
Association for Educational Communication and Technology
(http://www.aect.org)

Association for Supervision and Curriculum Development
(http://www.ascd.org)
Computer Using Educators (http://www.cue.org)
Distance Education Training Council (http://www.detc.org)
Educause (http://www.educause.edu)
International Society for Technology in Education (http://www.iste.org)
Multimedia Educational Resource for Learning and Online Teaching
(http://www.merlot.org)
Organizational Systems Research Association (http://www.osra.org/)
National Education Association (http://www.nea.org)
National Science Teachers Association (http://www.nsta.org)
Society for Applied Learning and Technology (http://www.salt.org)
U.S. Distance Learning Association (http://www.usdla.org)

Coleções/arquivos

Global School Net (http://www.globalschoolnet.org/)
Maricopa Center for Learning & Instruction – Digital Visual Literacy
(http://mcli.maricopa.edu/dvl)
MCREL Technology Integration
(http://www.mcrel.org/resources/technology/index.asp)
NMC Horizon Report (http://www.nmc.org/publications)
U.S. Department of Education, Office of Technology
(http://www2.ed.gov/about/offices/list/os/technology/index.html)
Worldbank Worldlinks (http://www.worldbank.org/worldlinks)

Centros de pesquisa

Knowledge Media Institute, Open University (http://kmi.open.ac.uk)
Institute for Computer Based Learning, Heriot-Watt University
(http:// www.icbl. hw.ac.uk)
Institute for Learning Sciences, Northwestern University
(http://www.sesp.northwestern.edu/)
Institute for Learning Technologies, Columbia University
(http://www.ilt.columbia.edu)
National Center for Supercomputer Applications, University of Illinois
(http://www.ncsa.illinois.edu/)
The Concord Consortium (http://www.concord.org)

Virtual Reality & Education Lab, East Carolina University
(http://vr.coe.ecu.edu/)

Redes

Consortium for School Networking (http://www.cosn.org)
National LambdaRail (http://www.nlr.net/)
Cisco Education
(http://www.cisco.com/web/strategy/education/index.html)
HP Education (http://www.hp.com/education/)
Internet2 (http://www.internet2.org)
Internet Society (http://www.isoc.org)
Computer and Wireless Networking Basics
(http://compnetworking.about.com/)

Apêndice
Estudos de caso

Neste livro, foram apresentados muitos exemplos de sites interessantes e úteis. Agora, descreveremos com mais detalhes outros sites exemplares. Como sempre, os leitores são encorajados a examiná-los diretamente.

Faculdades Comunitárias de Maricopa

O Maricopa Community College District (MCCD), no Arizona, é um dos maiores sistemas de faculdades comunitárias dos Estados Unidos. Abrange dez faculdades e atende mais de 200 mil estudantes. O MCCD não é apenas um dos maiores, mas também um dos mais avançados em termos tecnológicos. Todos os aspectos das operações do MCCD estão disponíveis on-line, e em seu site (http://www.maricopa.edu) você poderá ter uma visão geral do sistema. O MCCD tem um vice-reitor de Tecnologia de Informação – uma indicação de que o planejamento e as operações tecnológicas são um elemento essencial da administração.

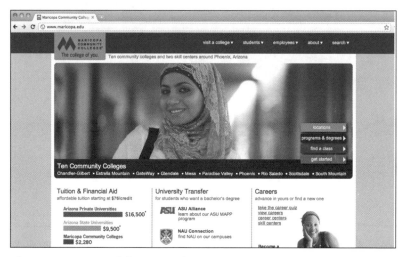

Na Web, a página principal do MCCD (http://www.maricopa.edu) permite fácil acesso a todas as informações sobre as faculdades e as ofertas de cursos.

O Maricopa Center for Learning and Instruction oferece suporte a todos os docentes, alunos e funcionários da faculdade em seus esforços para utilização da tecnologia no processo de ensino e aprendizagem. Sua missão principal é incentivar a inovação. A existência de um centro como este é fundamental para o sucesso contínuo da tecnologia em uma instituição educacional.

Escolas de Boulder Valley

O Boulder Valley School District (BVSD) ilustra o uso crescente da Web/Internet por parte dos distritos escolares nos Estados Unidos. O BVSD conta com 34 escolas do ensino fundamental, 14 escolas de ensino médio e dez escolas de ensino secundário na área de Boulder, Colorado. O distrito escolar mantém um site na Web, mas cada escola cuida das próprias páginas – mantendo o controle local e a diversidade que caracteriza o sistema educacional público dos Estados Unidos.

O site do BSVD oferece informações sobre as atividades do conselho escolar, cardápios de merendas, horários do transporte escolar, resultados de avaliações, comunicados sobre ofertas de emprego, detalhes do currículo, oportunidades de desenvolvimento profissional, recursos para ensino e aprendizagem e documentação para uso na internet. O BSVD participa de iniciativas nacionais e estaduais na área da informática e também faz parcerias com corporações locais.

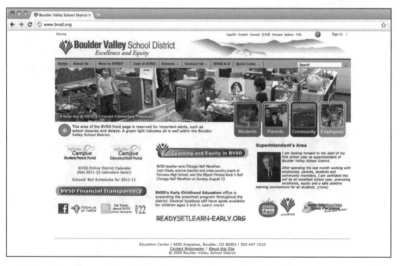

O site do Boulder Valley School District (http://www.bvsd.org) é característico do que os sistemas escolares nos Estados Unidos vêm fazendo.

Global Council of Corporate Universities

Já mencionamos neste livro o desenvolvimento das universidades corporativas como uma maneira de as organizações impulsionarem seus recursos de treinamento (gerando receita adicional). Bons exemplos podem ser encontrados no Global Council of Corporate Universities, que possui em sua associação de universidades diversas instituições corporativas que oferecem cursos padronizados e personalizados (customizados) dos mais variados assuntos para profissionais das empresas e clientes externos. Os temas incluem, entre outros, gerenciamento, vendas, liderança, qualidade, engenharia, manufatura e atendimento ao consumidor.

O Global Council of Corporate Universities também inclui reportagens e publicações sobre universidades corporativas e outros materiais que sejam pertinentes aos treinamentos. Atualmente, o Global Council of Corporate University possui representantes nos cinco continentes, mas com o tempo haverá mais universidades corporativas – seguindo a tendência das empresas mundiais.

O Global Council of Corporate Universities (http://www.globalccu.com) possui associados, em todo o mundo, interessados nas universidades corporativas.

Tech Corps

Tech Corps é uma organização sem fins lucrativos criada para dar suporte tecnológico em escolas. Sua missão é: recrutar, encaminhar e dar apoio a voluntários da comunidade tecnológica que assessoram e ajudam as escolas na introdução e integração de novas tecnologias; levar recursos tecnológicos adicionais às escolas por meio de projetos locais ou nacionais; e construir parcerias para dar apoio em tecnologia educacional entre educadores, empresas e membros da comunidade em nível local, estadual e nacional.

Atualmente, nos Estados Unidos, a Tech Corps encontra-se ativa em 42 estados e possui centenas de voluntários que ajudam as escolas em suas atividades tecnológicas. O patrocínio é proveniente de diversas corporações, associações e fundações.

A Tech Corps (http://techcorps.org/) é uma organização de nível nacional com voluntários dedicados a ajudar as escolas no uso da tecnologia.

Livros-textos on-line

Mesmo na era da informação, os livros-textos desempenham um papel essencial na aprendizagem. Em um futuro próximo, porém, os manuais provavelmente estarão on-line e não serão mais impressos. Hoje, podemos verificar uma transição do material impresso para o material on-line: muitos manuais trazem até mesmo um guia de estudos on-line. Os capítulos do guia on-line podem incluir ajuda na resolução de problemas (com testes para praticar), exercícios baseados em temas atuais, ilustrações, aulas e explicações em RealAudio e links para sites relacionados.

Academia de Redes Cisco (Cisco Networking Academy)

Técnicos especializados em rede são profissionais muito requisitados e, provavelmente, este continuará sendo o cenário no futuro. É difícil as escolas prepararem alunos para tais profissões porque lhes faltam experiência e equipamentos necessários para o treinamento. Sendo assim, é bastante sensato que as próprias empresas de rede cuidem desse treinamento. Isso é o que a Cisco Systems, um importante provedor de tecnologia e serviços de rede, tem feito em sua Cisco Networking Academy. A academia consiste em escolas de ensino médio e faculdades, espalhadas nos Estados Unidos, que estejam autorizadas pela Cisco a dar um curso de quatro semestres sobre redes, incluindo um exame de certificação ao final (que habilita o aluno como técnico ou profissional de rede certificado pela Cisco). A academia é organizada em núcleos regionais e locais; e os núcleos regionais treinam e dão suporte aos núcleos locais, garantindo o controle de qualidade do programa.

A Cisco Networking Academy é um bom exemplo de parceria empresa-instituição educacional que produz grandes vantagens para todos os envolvidos (especialmente os estudantes).

A Cisco Networking Academy (http://www.cisco.com/web/learning/netacad/index.html) oferece treinamento a alunos de escolas de ensino médio e de faculdades dos Estados Unidos. Ao concluir o curso, o estudante recebe um certificado.

Cyberchase

Cyberchase é uma série de jogos para crianças desenvolvidos pela empresa de mídia PBS como um serviço público. Entre os objetivos dos jogos estão realizar desafios no espaço virtual vivendo aventuras on-line. O site é projetado para crianças, mas há áreas que trazem informações para pais e professores.

Cyberchase (http://pbskids.org/cyberchase/) é um site com jogos online para crianças desenvolvido pela PBS.

History Channel

Como qualquer professor poderá lhe dizer, história é um tema difícil de ensinar. Embora devesse ser um assunto fascinante para qualquer aluno, geralmente é visto como tedioso e maçante. Quando, porém, apresentado na forma de programas de televisão e de vídeos, atrai a atenção e o interesse da maioria dos estudantes.

O site do History Channel é uma ferramenta útil para professores e alunos. Ali, os extensos recursos dessa rede são disponibilizados de modo interativo. O site oferece uma série de programas, sempre renovados, e permite busca nos arquivos da rede. Toda a informação apresentada está associada aos programas ou vídeos que também estão disponíveis para venda (afinal, trata-se de um site comercial). No futuro, todas as filmagens provavelmente serão disponibilizadas no formato digital para *download* em tempo real. Isso de fato tornaria o site ainda mais valioso!

Secretaria de Educação do Kentucky

Nos Estados Unidos, as secretarias estaduais de educação têm de prestar contas a um público diverso: pais, administradores de escola, professores e políticos. Manter todos informados sobre suas atividades e assegurar-se de que os interessados tenham voz e possam influenciar o processo de tomada de decisão não é fácil. No entanto, a Web proporciona uma forma ideal de fazer as duas coisas: o site da Secretaria de Educação do Kentucky mostra como as agências do governo podem funcionar melhor por meio da interação on-line. Questões típicas ali tratadas incluem testes de aproveitamento para alunos, novas iniciativas curriculares, oportunidades de desenvolvimento profissional para professores, aperfeiçoamento da administração escolar e envolvimento dos pais no cotidiano escolar.

O site do Kentucky Department of Education (http://www.education.ky.gov/) é utilizado para informar a todos os interessados em educação daquele estado sobre novos desenvolvimentos e coletar opiniões para o processo decisório.

Tapped In

Ao longo de todo este livro, enfatizamos a importância das redes para a comunicação entre alunos e educadores. O site Tapped In, criado pela SRI International, pretende ser um "ponto de encontro" on-line para professores. Lá, você tem um fórum de discussões sobre questões de interesse para professores de todo o país, seja em áreas específicas de conhecimento ou tópicos gerais importantes (como violência na escola ou administração escolar). A maior parte das discussões ocorre em tempo real e utiliza MUDs.

O site da Tapped In (http://www.tappedin.sri.com) tem um fórum de discussões para professores.

MAX@SCHOOL

Todos os exemplos anteriores foram produtos de instituições e organizações; o último exemplo aqui fornecido é fruto de um esforço individual. MAX@SCHOOL é uma história de aventura em tempo real sobre uma viagem de caiaque entre a costa oeste e a costa leste do Canadá, via Nicarágua, que dura quatro anos. Ao longo do caminho, Max (também conhecido como Corey Richardson) posta notícias regulares em um diário on-line, com detalhes em multimídia de sua viagem. Embora isso não tenha nada a ver com lições de um livro-texto, há muitos detalhes sobre geografia, sociologia, atletismo e informática – bem como um interessante exercício de redação coletiva com participação on-line de pessoas do mundo todo. Max também criou a STRATA Foundation para oferecer bolsas escolares a estudantes do ensino médio que no futuro queiram ter experiências similares de aprendizagem.

Esse exemplo pode não parecer muito profundo, mas transmite o verdadeiro espírito da aprendizagem no ciberespaço.

Uma história de aventura ao vivo: uma viagem de caiaque de uma costa a outra do Canadá via Nicarágua (http://www.solomax.com).

Glossário

assíncrona interação que não se realiza ao mesmo tempo, como nos e-mails ou em fóruns de discussão.

conferência audiográfica forma de conferência síncrona que envolve o uso simultâneo de compartilhamento de voz e da tela de um monitor, podendo incluir uma ou mais linhas de telefone.

CAI (*computer-assisted instruction*/**instrução assistida por computador**) ou **CBI** (*computer-based instruction*/**instrução baseada em computador**) formas tradicionais de aprendizagem baseada em computador que envolvem interação com programas (e não com pessoas).

CD-ROM (*compact disc-read only memory*/**disco compacto com memória somente de leitura**) disco compacto (CD) que pode ser usado para armazenar em torno de 600 megabytes de dados. Existem outros tipos desses discos, como o CD-R e o CD-RW, que permitem ao usuário comum fazer as próprias gravações uma ou várias vezes, respectivamente, caso possua o hardware e o software necessários.

chat (**bate-papo**) forma de conferência sincrônica que envolve a troca de mensagens de texto como em uma conversação.

CSCW (*computer-supported cooperative work*/**trabalho cooperativo suportado por computador**) hardware e software projetados para facilitar o trabalho on-line em equipe ou a interação em um grupo.

download recebimento de arquivos de outro computador, de sites, de ambientes virtuais de aprendizagem, de música, de filmes etc.

FAQs (*frequently asked questions*/**perguntas frequentes**) página(s) Web que traz(em) perguntas feitas com frequência e suas respectivas respostas.

FTP (*file transfer program*/**programa de transferência de arquivo**) programa utilizado para transferir arquivos de um sistema de computadores para outro.

home page página principal, página inicial, página de entrada; é a página inicial de um site da internet. Compreende uma apresentação do site e de todo seu conteúdo. Documento principal (padrão) que aparece quando um site é acessado.

host computador que faz a ligação entre servidores, PCs e dispositivos periféricos (como impressoras e *drives* de disco).

HTML (*hypertext markup language*/**linguagem de marcação de hipertexto**) linguagem de formatação usada para documentos da Web.

internet rede capaz de interligar todos os computadores do mundo. O que faz a internet tão poderosa assim é um processo da informática que atende pelas siglas TCP/IP (Protocolo de Controle de Transferência/Protocolo Internet). Todos os computadores que entendem essa linguagem são capazes de trocar informações entre si. (Fonte: http://www.vasoy.com/dicas/historia/cap7_2htm))

intranet rede privada de redes pertencente a uma organização ou instituição.

IP (*Internet protocol*/protocolo internet) endereço de identificador único para um computador na internet.

ISDN (*integrated services digital network*/rede digital de serviços integrados) forma de conexão em rede de velocidade relativamente alta (128 kilobytes por segundo) fornecida por empresas de telecomunicação.

ISP (*Internet service provider*/provedor de acesso à Internet) empresa que oferece conexões locais com a internet.

LAN (*local area network*/rede de área local) rede privada que conecta computadores em uma escola ou em um campus, utilizando cabos ou ligações sem fio.

largura de banda capacidade de transmissão de informação em uma conexão em rede, geralmente medida em termos de velocidade de transmissão (variando de 14,4 kilobytes por segundo a mais de 500 megabytes por segundo) .

modem dispositivo para computador que permite a conexão de linhas de telefone padronizadas (análogas) com redes digitais de dados.

navegador (*browser*) programa que permite o acesso à Web e lê arquivos em HTML (por exemplo, temos o Internet Explorer, o Netscape Communicator, o Mozilla Firefox e o Google Chrome).

netiqueta convenções para o comportamento on-line.

plug-in programa que se acrescenta ao navegador (*browser*) para oferecer capacidades adicionais (geralmente baixado da Web).

portas conexões de *input/output* em um computador (por exemplo, portas seriais em um PC ou portas de discagem (*dial-up*) em um *host*.

roteador equipamento especializado que controla a comunicação na rede.

servidor computador que serve como *hub* para uma rede (LAN ou WAN).

síncrona interação que ocorre em tempo real, como nos *chats* ou nas videoconferências.

streaming transmissão em tempo real de apresentações multimídia em pequenos "bursts" que utiliza programas como o RealMedia.

T1 transmissão de dados em alta velocidade (geralmente 1,5 megabyte por segundo) oferecida por empresas de telecomunicação.

upload enviar arquivos para outro computador, sites, redes sociais, ambientes virtuais de aprendizagem etc.

URL (*universal resource locator*/localizador universal de recursos) endereço na Web (por exemplo, http://www.here. nethttp://www.internet.com).

WAN (*wide area network*/rede de área estendida) rede pública que conecta sistemas em uma extensa área geográfica (por exemplo, a internet).

Referências bibliográficas

ALLESSI, S.; TROLLIP, S. *Computer based instruction*: methods and development. Englewood Cliffs: Prentice-Hall, 1991.

ANDERSON, T. The virtual conference: extending professional education in cyberspace. *Intl. J. Educ. Telecommunications*, v. 2, n. 2/3, p. 121-35, 1996.

ANGELL, D.; HESLOP, B. *The elements of e-mail style*. Reading: Addison-Wesley, 1994.

BAKER, E. L.; O'NEIL, H. F. *Technology assessment in education and training*. Hillsdale: Erlbaum, 1994.

BARRY, D. *Dave Barry in cyberspace*. Nova York: Ballantine, 1996.

BENEDIKT, M. *Cyberspace*: first steps. Cambridge: MIT Press, 1991.

BENSON, A. C.; FODEMSKI, L. *Connecting kids and the Internet*: a handbook for librarians, teachers, and parents. Nova York: Neal-Shuman, 1996.

BERGE, Z. *The role of the online instructor/facilitator*, 1996.

BERGE, Z.; COLLINS, M. (Eds.). *Computer mediated communication and the online classroom* (v. I-III). Cresskill: Hampton Press, 1995.

_____. (Eds.). *Wired together*: the online K–12 classroom. Cresskill: Hampton Press, 1996.

BONK, C. J.; KING, K. S. (Eds.). *Electronic collaborators*: earner-centered technologies for literacy, apprenticeship, and discourse. Mahwah: Erlbaum, 1998.

BOTHUN, G. D.; KEVAN, S. D. *Networked physics in undergraduate instruction*: computers in physics, jul./ago. 1996. [http://portal.acm.org/citation.cfm?id=232107]

BOWERS, C. A. *The cultural dimensions of educational technology*: understanding the non-neutrality of technology. Nova York: Teachers College Press, 1988.

BOYLE, T.; BOYLE, T. *Design for multimedia learning*. Nova York: Prentice-Hall, 1996.

BRIGGS, L. J.; GUSTAFSON, K. L.; TILLMAN, M. H. *Instructional design*: principles and applications. Englewood Cliffs: Educational Technology Publications, 1991.

BROWN, B. M. Digital classrooms: some myths about developing new education programs using the internet. *THE Journal*, 1998.

BROWN, J. S.; COLLINS, A.; DUGUID, P. Situated cognition and the culture of learning. In: MCLELLAN, H. (Ed.). *Situated learning perspectives*. Englewood Cliffs: Educational Technology Publications, 1996.

CAMPBELL, D.; CAMPBELL, M. *The student's guide to doing research on the Internet*. Reading: Addison-Wesley, 1995.

CARROLL, J. *The Nurnberg funnel*. Cambridge: MIT Press, 1990.

CARROLL, J. *Minimalism*: beyond the Nurnberg funnel. Cambridge: MIT Press, 1998.

CAVAZOS, E. A.; MORIN, G. *Cyberspace and the law*: your rights and duties in the on-line world. Cambridge: MIT Press, 1994.

COLEMAN, D. *Groupware*: collaborative strategies for corporate LANs and intranets. Englewood Cliffs: Prentice-Hall, 1997.

COLLIS, B. *Tele-Learning in a digital world*. Londres: International Thomson Computer Press, 1996.

COOK, A.; HUSSEY, S. *Assistive technologies*: principles and practice. St. Louis: Mosby, 1995.

COOMBS, N.; CUNNINGHAM, C. *Information access and adaptive technology*. Phoenix: Oryx Press, 1997.

COVINGTON, G.; HANNAH, B. *Access by design*. Nova York: Van Nostrand Reinhold, 1996.

COX, B. Evolving a distributed learning community. In: BERGE, Z.; COLLINS, M. (Eds.). *Wired together*: the online K-12 classroom. Cresskill: Hampton Press, 1996.

CROSS, P. *Adults as learners*. São Francisco: Jossey-Bass, 1981.

CROUCH, M. L.; MONTECINO, V. *Cyberstress*: asynchronous anxiety, or worried in cyberspace: I wonder if my teacher got my email, 1997.

CUBAN, L. *Teachers and machines*: the classroom use of technology since 1920. Nova York: Teachers College Press, 1986.

CUMMINS, J.; SAYERS, D. *Brave new schools*: challenging cultural illiteracy through global learning networks. Nova York: St. Martin's Press, 1995.

DAVENPORT, T. *Information ecology*. Nova York: Oxford, 1997.

DAVIDOW, W. H.; MALONE, M. S. *The virtual corporation*. Nova York: Harper Business, 1992.

DEDE, C. Emerging technologies and distributed learning. *American Journal of Distance Education*, n. 10, v. 2, p. 4-36, 1996.

DENNING, D.; DENNING, P. *Internet besieged*. Reading: Addison-Wesley, 1998.

DERTOUZOS, M. *What will be*. Nova York: Harper Edge, 1997.

DICK, W.; CAREY, L. *The systematic design of instruction*. Glenview, IL: Scott, Foresman, 1990.

DIZARD, W. *Meganet*: how the global communications network will connect everyone on earth. Boulder: Westview Press, 1997.

DOHENY-FARINA, S. *The wired neighborhood*. New Haven: Yale University Press, 1996.

DREYFUS, H. *What computers (still) can't do*. Cambridge: MIT Press, 1992.

DRUIN, A. *The design of children's technology*. São Francisco: Morgan Kaufman, 1999.

DRUIN, A.; SOLOMON, C. *Designing multimedia environments for children*. Nova York: Wiley, 1996.

DUCHASTEL, P. A Web-based model for university instruction. *Journal of Educational Technology Systems,* n. 25, v. 3, p. 221-8, 1996-1997.

DUNING, B.; VAN KEKERIX, B.; ZABROWSKI, L. *Reaching learners through telecommunications.* São Francisco: Jossey-Bass, 1993.

DUNLOP, C.; KLING, R. *Computers and controversy.* 2. ed. Boston: Academic Press, 1996.

EASTMOND, D. V. *Alone but together:* adult distance study through computer conferencing. Cresskill: Hampton Press, 1995.

EDELSON, D.; PEA, R.; GOMEZ, L. Constructivism in the collaboratory. In: WILSON, B. G. (Ed.). *Constructivist learning environments.* Englewood Cliffs: Educational Technology Publications, 1996.

FARR, M.; PSOTKA, J. *Intelligent instruction by computer.* Washington: Taylor & Francis, 1992.

FEENBERG, A. *Critical theory of technology.* Nova York: Oxford University Press, 1991.

FISHER, C.; DWYER, D. C.; YOKAM, K. *Education & Technology:* reflections on computing in classrooms. São Francisco: Jossey-Bass, 1996.

FURGER, R. *Does Jane compute?* Preserving our daughters' place in the cyber revolution. Nova York: Warner Books, 1998.

GALITZ, W. O. *The essential guide to user interface design.* Nova York: Wiley, 1997.

GARNER, R.; GILLINGHAM, M. *Internet communication in six classrooms:* Conversations across time, space and culture. Mahwah: Erlbaum, 1996.

GASCOYNE, R. J.; OZCUBUCKU, K. *The corporate Internet planning guide.* Nova York: Van Nostrand Reinhold, 1996.

GIBBONS, A.; FAIRWEATHER, P. *Designing computer based instruction.* Englewood Cliffs: Educational Technology Publications, 1998.

GIBSON, W. *Neuromancer.* Nova York: Ace, 1984.

HANNUM, W.; HANSEN, C. *Instructional systems development in large organizations.* Englewood Cliffs: Educational Technology Publications, 1989.

HARASIM, L. *Online education:* perspectives on a new environment. Nova York: Praeger, 1990.

_____. *Global networks:* computers and international communication. Cambridge: MIT Press, 1993.

HARASIM, L.; HILTZ, S. R.; TELES, L.; TUROFF, M. *Learning networks:* a field guide to teaching and learning online. Cambridge: MIT Press, 1995.

HARTMAN, K. et al. Patterns of social interaction and learning to write: some effects of network technologies. In: BERGE, Z.; COLLINS, M. (Eds.). *Computer mediated education and the online classroom.* Cresskill: Hampton Press, 1995.

HAUBEN, M.; HAUBEN, R. *Netizens.* Los Alamitos: IEEE Computer Society Press, 1997.

HAZEMI, R.; HAILES, S.; WILBUR, S. *The digital university.* Nova York: Springer, 1998.

HEALY, J. *Failure to connect*: how computers affect our children's minds. Nova York: Simon & Schuster, 1998.

HILTZ, S. R. *The virtual classroom*: learning without limits via computer networks. Norwood: Ablex, 1994.

HILTZ, S. R.; TUROFF, M. *The network nation*: human communication via computer (rev. ed.). Cambridge: MIT Press, 1993.

HIX, D.; HARTSON, H. R. *Developing user interfaces*. Nova York: Wiley & Sons, 1995.

HOWLETT, V. *Visual interface design*. Nova York: Wiley & Sons, 1995.

INGEBRITSEN, T. S.; FLICKINGER, K. *Development and assessment of Web courses that use streaming audio and video technologies*. Annual Conference on Distance Teaching and Learning, Madison, WI, 1998.

JACKSON, S. *Beyond Web course design*: designing online dialogue. NAU Web 97 Conference, 1997.

JONES, S. G. *Cybersociety*. Newbury Park, CA: Sage, 1995.

JONNASEN, D. H. *Handbook of research on educational communications and technology*. Nova York: Macmillan, 1996.

KAYE, A. *Collaborative learning through computer conferencing*. Nova York: Springer--Verlag, 1992.

KEARSLEY, G. *Public access systems*. Englewood Cliffs, NJ: Ablex, 1994.

KEARSLEY, G.; HUNTER, B.; FURLONG, M. *We teach with technology*. Wilsonville: Franklin, Beedle, 1992.

KEARSLEY, G.; LYNCH, W.; WIZER, D. *The effectiveness and impact of computer conferencing in graduate education*, 1995.

KEARSLEY, G.; SHNEIDERMAN, B. Engagement theory. *Educational Technology*, v. 38, n. 3, 1998. Disponível em: http://home.sprynet.com/~gkearsley/engage.htm.

KHAN, B. *Web-based instruction*. Englewood Cliffs, NJ: Educational Technology Publications, 1997. Disponível em: http://www.gwu.edu/~etlalex/khan/tc.txt.

KNOWLES, M. *The adult learner*. Houston: Gulf Publishing, 1978.

KOMMERS, P. *Hypermedia learning environments*: instructional design and integration. Hillsdale: Erlbaum, 1996.

LANDAUER, T. *The trouble with computers*. Cambridge: MIT Press, 1995.

LAVE, J.; WENGER, E. *Situated learning*. Cambridge: Cambridge University Press, 1990.

LAZZARO, J. *Adapting PCs for disabilities*. Reading: Addison-Wesley, 1996.

LEONARD, G. *Education and ecstasy*. Nova York: Dell, 1968.

LESHIN, C. B. *Internet adventures*: step-by-step guide for finding and using educational resources. Boston: Allyn & Bacon, 1996.

LESHIN, C. B.; POLLOCK, J.; REIGELUTH, C. M. *Instructional design strategies and tactics*. Englewood Cliffs: Educational Technology Publications, 1992.

LEVIN, J. et al. Observations on educational networks: the importance of appropriate activities for learning. *The Computing Teacher*, v. 16, p. 32-9, 1998.

LEVINSON, P. *The soft edge*: a natural history and future of the information revolution. London: Routledge, 1997.

LIPNACK, J.; STAMPS, J. *Virtual teams*: reaching across space-time and organizations with technology. Nova York: Wiley, 1997. [http://www.netage.com].

LOMBARDO, N. *Internet Navigator*: final report. Salt Lake City: University of Utah, 1996.

LUDLOW, P. *High noon on the electronic frontier*: conceptual issues in cyberspace. Cambridge: MIT Press, 1996.

MADDUX, C.; JOHNSON, D.; WILLIS, J. *Educational computing*. 2. ed. Boston: Allyn & Bacon, 1997.

MARQUARDT, M.; KEARSLEY, G. *Technology-based learning*. Boca Raton: St. Lucie Press/ASTD, 1999.

MARTIN, C. *NetFuture*: the seven cybertrends that will drive business, create new wealth, and define your future. Nova York: McGraw-Hill, 1999.

MARTIN, J. *Cybercorp*. Nova York: AmaCom, 1996.

MCCORMACK, C.; JONES, D. *Building a Web-Based education system*. Nova York: Wiley, 1997.

MEANS, B. et al. Beyond the classroom: restructuring schools with technology. *Phi Delta Kappan,* v. 77, n. 1, p. 69-72, 1995. [http://www.jstor.org/pss/20405488]

MILLER, S. *Civilizing cyberspace*. Reading: Addison-Wesley, 1996.

MINOLI, D. *Distance learning technology and applications*. Boston: Artech House, 1996.

MOLNAR, A. Computers in education: a brief history. *THE Journal,* v. 24, n. 11, p. 63-8, 1997.

MOORE, M.; KEARSLEY, G. *Distance education*: a systems approach. Belmont: Wadsworth, 1996.

MOREINIS, B. *Time, space, and culture in school computer development initiatives*, 1996.

NEGROPONTE, N. *Being digital*. Nova York: Knopf, 1995.

NEUMANN, P. *Computer related risks*. Nova York: ACM Press/Addison-Wesley, 1995.

NORMAN, D. *Things that make us smart*. Reading: Addison-Wesley, 1993.

O'NEIL, H. F. *Procedures for instructional systems development*. Nova York: Academic Press, 1979.

PALLOFF, R.; PRATT, K. *Building learning communities in cyberspace*. São Francisco: Jossey-Bass, 1999.

PAPERT, S. *Mindstorms*. Nova York: Basic Books, 1980.

_____. *The children's machine*: rethinking school in the age of the computer. Nova York: Basic Books, 1993.

PAPERT, S. *The connected family*: bridging the digital generation gap. Atlanta: Longstreet Press, 1996.

PAULSEN, M. F. Moderating educational computer conferences. In: BERGE, Z.; COLLINS, M. (Eds.). *Computer mediated communication and the online*. Cresskill: Hampton Press, 1995.

PERELMAN, L. *School's out*. Nova York: Avon, 1992.

PORTER, L. R. *Creating the virtual classroom*: distance learning with the Internet. Nova York: Wiley, 1997.

POSTMAN, N. *Technopoly*. Nova York: Knopf, 1992.

POULSON, M.; RICHARDSON, J. *Foundations of intelligent tutoring systems*. Hillsdale: Erlbaum, 1988.

REDDICK, R.; KING, E. *The online student*. Orlando: Harcourt Brace College Publishers, 1996.

RHEINGOLD, H. *Virtual reality*. Nova York: Simon & Schuster, 1991.

_____. *The virtual community*. Reading: Addison-Wesley, 1993.

RIEL, M.; LEVIN, J. Building electronic communities: success and failure in computer networking. *Instructional Science*, v. 19, p. 145-69, 1990.

ROSENBERG, R. *The social impact of computers*. 2. ed. San Diego: Academic Press, 1997.

ROSSMAN, P. *The emerging worldwide electronic university*: information age global higher education. Westport: Greenwood Press, 1992.

RUBERG, L. F.; TAYLOR, C. D.; MOORE, D. M. Student participation and interaction on-line: a case study of two college classes: Freshman writing and a plant science lab. *Intl. J. of Educational Telecommunications,* v. 2, n. 1, p. 69-92, 1996.

SCHANK, R. *Virtual learning*. Nova York: McGraw-Hill, 1997.

SCHON, D. A. *Educating the reflective practitioner*. São Francisco: Jossey-Bass, 1990.

SCHRAGE, M. *Shared minds*: the new technologies of collaboration. Nova York: Random House, 1991.

SCHRUM, L.; BERENFELD, B. *Teaching and learning in the information age*: a guide to educational telecommunications. Boston: Allyn & Bacon, 1997.

SHAW, R. *The FAQ manual of style*. Cambridge: MIT Press, 1996.

SHEA, V. *Netiquette*. São Francisco: Albion, 1994.

SHERRY, L. The Boulder Valley Internet Project: lessons learned. *THE Journal*, p. 68-72, 1997.

SHNEIDERMAN, B. *Designing the user interface*. 3. ed. Reading: Addison Wesley Longman, 1998.

SMOLAN, R.; ERWITT, J. *24 hours in cyberspace*. Nova York: Random House, 1996.

SPROULL, L.; KIESLER, S. *Connections*: new ways of working in the networked organization. Cambridge: MIT Press, 1991.

STEEN, D. R.; RODDY, M. R.; SHEFFIELD, D.; STOUT, M. B. *Teaching with the Internet*. Bellevue: Resolution Press, 1995.

STEFIK, M. *Internet dreams*. Cambridge: MIT Press, 1997.

STRATE, P. L.; JACOBSON, R.; GIBSON, S. *Communication and cyberspace*: social interaction in an electronic environment. Cresskill: Hampton, 1996.

SZUPROWICZ, B. O. *Multimedia networks*. Nova York: McGraw-Hill, 1995.

TAPSCOTT, D. *The digital economy*. Nova York: McGraw-Hill, 1997.

TINKER, R.; HAAVIND, S. Netcourses and netseminars: current practice and new designs. *Journal of Science Education and Technology*, v. 5, n. 3, p. 217-223, 1996.

TOWNE, D. *Learning and instruction in simulation environments*. Englewood Cliffs: Educational Technology Publications, 1995.

TURKLE, S. *Life on the screen*: identity in the age of the Internet. Nova York: Simon & Schuster, 1995.

WAGGONNER, M. D. *Empowering networks*: computer conferencing in education. Englewood Cliffs: Educational Technology Press, 1992.

WARSCHAUER, M. *Electronic literacies*: language, culture and power in online education. Mahwah: Erlbaum, 1998.

WHITTLE, D. *Cyberspace*: the human dimension. São Francisco: W.H. Freeman, 1997.

WILLIAMS, B. *The Internet for teachers*. Indianápolis: IDG Books, 1995.

YAGER, R. The constructivist learning model. *The Science Teacher*, 1991. p. 52-57.

YOUNG, K. *Caught in the Net*. Nova York: Wiley & Sons, 1998.

Índice remissivo

A

AARP, 23
Academic Technologies for Learning, 101
Accenture, 180
acessibilidade, 6, 25, 31, 102, 156
acesso/design universal, 101
American Council for Education (ACE), 135
American School Directory, 18
American Society for Training & Development, 85
aprendendo a aprender, 64
aprendizagem a distância, 61, 102-103
aprendizagem com base em problemas, 7, 69
aprendizagem de longo prazo, 58-60
aprendizagem individualizada, 2
aprendizagem pela descoberta, 7
assíncrona, conferência, 31-32, 68
Associação Brasileira de Educação a Distância, 91
Association for the Advancement of Computing in Education (AACE), 150
Association of Universities and Colleges of Canada (AUCC), 91
AT&T, 152
Athabasca University, 37
Athens University, 34
atividades práticas, 105
autonomia na aprendizagem on-line, 63
avaliação/revisão entre pares, 49, 56, 82, 84-86, 94
Awsome Library for Teachers, 79
University of Alberta, ATL, 101/104

B

Ballard, Robert, 5
Benton Foundation, 53
bibliotecas, 50
Big Dog, 98
biologia, 48
BlackBoard, 43, 107
Blacksburg Electronic Village, 7
Boulder Valley School District, 188
British Open University, 153
bulletin board, sistemas de, 2, 31

C

California Virtual Campus, 122
carga horária, 85-88
Carnegie Mellon University, 54, 171
Carvin, Andy, 138
CD-ROM, 25, 111
censura, 128-129
Center for Applied Special Technology (CAST), 97
Charles Dickens, 16
chat, sessões de, 31-32
Cisco Networking Academy, 191
Clark, Don, 99
classe, tamanho da, 83
Coggno, 118
colaboração internacional, 19, 182
colaboração, 3, 4, 56, 66-67, 69, 82, 121, 129, 161
Colégio de Diretores de Escolas dos Ministérios Públicos do Brasil (CEDEMP), 22
compartilhamento de informação, projetos de, 19

208 | Educação on-line

Co-Nect, 51-52
conexões telefônicas, 14, 107
conferência mediada por computador
(*computer-mediated conferencing –*
CMC), 2
considerações culturais, 65, 75, 172
consórcios, 121-122, 129
Consortium for Policy Research in
Education (CPRE), 133
Consortium for School Networking
(CoSN), 14
Copyright Website, 128
COVIS, 57
Cox, Brad, 49
crianças, uso da tecnologia por, 3, 72
Cruz Vermelha, 23
cursos on-line sobre hardware e
software, 21
cursos on-line, desistência, 64
CU-SeeMe, 35-36, 159
Cyberchase, 192

D

Defense Advanced Research Project
Agency (DARPA), 174
deficiências de aprendizagem, 73
Department of Education, 49
design de tela, 96
design gráfico, 102
propriedade (direitos autorais), 127-129
diretor de informática (Chief
Information Officer – CIO), 115
diretório on-line, 4, 6
dissecação de uma rã, 43

E

EASI, 76
educação em casa, 24
educação pré-escolar, 23
Education Commision of the States
(ECS), 134
Education Northwest, 50
EDUCAUSE, 84
EdWeb, site, 138
eficácia no ensino, 89-91

EIES, 48
Electronic Frontier Foundation (EFF),
130
Electronic Pivacy Information Center
(EPIC), 145
Embanet, 114
ementa, 103-104
Engaging Science, site, 103
Epals Classroom Exchange, 19
e-ProInfo, 53
equipe de suporte, 113-117, 168
E-rate, 15, 115
Escola de Formação do Servidor Público
de São Paulo, site, 22
Escola de Formação e Aperfeiçoamento
de Professores do Estado de São
Paulo "Renato Costa Souza", 90
ESL Study Hall, 66
Eudora, 30
explorações eletrônicas em campo
aberto, 19

F

Family Education Network, 65
FAQs, 21, 86, 169
ferramentas de autoria, 44, 107-108
flaming, 72
formatos de arquivos, 40, 168
FTP, 39-40
Fundação Dorina Norwill, 76
Fundação Getúlio Vargas (FGV), site, 148

G

GASNet, 17
George Mason University, 48
George Washington University, ETL, 59
gerenciamento do conhecimento, 20,
179-181
Global Council of Corporate
Universities, 189
Global Lab, 20
Global SchoolNet Foundation, 4
Google translate, 179
guia de estudo, 104

H

habilidades com a escrita, 19, 54, 67
habilidades sociais, 66
Harvard Business School, 70
Hawaii Community College, 160
Hewlett-Packard, 114, 154
History Channel, 192
Homeschool World, 24
Homework Central, 64
Hopper, Carolyn, 65
Horizon K12, 15
HTML, 44, 107

I

identificação/matrícula de
alunos, 94, 121
idosos, 73
igualdade, 41-42, 141-143
igualdade de gênero, 77-78
informática, conhecimento de, 41, 72-73
infraestrutura de tecnologia, 15
Institute for the Future, 181
Instituto Ayrton Senna, 53
Instituto Nacional de Estudos e
Pesquisas Educacionais (Inep), 131
instrução assistida por computador
(*computer-assisted instruction* –
CAI), 1-3
instrução baseada em computador
(*computer-based instruction* –
CBI), 1-3
interação, 2, 33, 55-57, 81-84, 85, 160
International Society for Performance
Improvement (ISPI), 32
intranets, 21
Iowa State University, 49

J

Jason Project, 5
Journal Online, 169

K

Kentucky Department of Education, 193

L

LANs, 13-14, 35, 163
licenciamento de software, 144, 167
liderança, 119
Link to Learn, University of Pittsburgh,
Pennsylvania, 164
List of ISPs, site, 116
listas de e-mail, 29-31, 82
Living Schoolbook, projeto, 54
livros, como forma de compartilhamento
de conhecimento, 8
livros-textos on-line, 190-191
LOGO, 3
Lotus Notes, 37

M

Maricopa, faculdades comunitárias
de, 187-188
Maryland University (HCIL), 100
Maryland University, projeto ICONS, 42
Max@school, 194
MayaQuest, 6
Meloni, Christine, 66
mensagens (armazenamento), 30
Microsoft Corporation, 21
minimalismo, 98-99
Ministério da Educação, site, 134
Ministério da Ciência, Tecnologia e
Inovação, site, 55
MIT Media Lab, 151
MOOville, 35
motivação, 66-67
MS Windows Meeting Space, 37
Mt. Diablo Multimedia Academy, 10
multimídia, 9, 43, 44
MUSENET, 35

N

Nasa, 19, 152
National Center for Supercomputer
Applications (NCSA), 153
National Center for Technology Planning
(NCTP), 148

National Institutes of Health, 154
National Science Foundation (NSF), 55
Netiquete / Introdução à netiqueta, 71
Network Management Corporation, 115
Newspapers in Education, 83
Noble, David, 155
Northwestern University, COVIS, 57
Northwestern University, Searle Center, 90

O

Office of Science and Technology Policy, 138
Office of Science Education, 154
Ohio State University, Faculdade de Medicina, 69
Oneida Indian Nation, 67
OnlineClass, 87
Oracle, site, 163

P

Pacific Bell, 152
padrões de estudo e trabalho, 117-119
participação de convidados, 88-89
PBS Teachers, site, 123
Pitsco, 165
plano de aula, 101, 104
PLATO, 2
POLIS, 44
Portal Educação, 83
prática, 41
privacidade, 127, 138-139
programação, 103
Projeto Terceira Idade On-line, 75
protótipos, 98, 162
provedor de acesso à Internet (*Internet service provider* – ISP), 14, 144, 147, 162
quiosques, 24-25

R

realistas, 10, 69
RealMedia, 107-108

Rede SACI, 76
redes, 13-15, 113-117, 162-164, 175
reestruturação da escola, 51-54, 120
reforma educacional, 51
relação custo-benefício, 23, 30, 54, 106, 146-148, 155
Rural Education Activities Program (REAP), 142

S

San Francisco Exploratorium, 8
São Carlos (comunidade on-line de aprendizagem de longo prazo), 59
School Networking (SoSN), 14
Science Learning Network (SLN), 20
Secretaria da Educação, 18
Secretaria de Educação Especial (MEC), 74
SeniorNet, 75
Simple Groupware, 38
SimplyParis, 25
síncrona, conferência, 33
sistemas de ajuda, 20
Sistemas de Gerenciamento Instrucional (Instructional Management Systems – IMS), 104
sistemas de suporte ao desempenho, 20
Sistemas Instrucionais (Instructional Systems Development – ISD), 97
softwares inteligentes, 165-168
Southern Regional Electronic Campus, 122
SRI, 54, 193
streaming, 57, 107
Study Guides Strategies, 68
Study Skills Help, site, 65
Sun Microsystems, 164
Swarthmore Math Forum, 10

T

Tapped In, 193
Teachers Helping Teachers, 86

TeacherWeb, site, 106
Tech Corps, 190
Tech-Learning, 161
Technical Education Research Center
  (TERC), 151
tecnologia auxiliar, 75
telecomunciações, 49, 176
televisão, 176
teorias de aprendizagem de adultos, 70
Terceira Idade On-Line, 75
testes, 51, 87, 93
Tokio Woman's Christian University, 101
transmissão de dados, 14
transporte escolar, 118-119
trapaça, 94
TRUSTe, 145

U

U.S. Geological Survey (USGS), 9
universidades corporativas, 21
University of Arizona, POLIS, 44
University of Bristol, Internet
  Detective, 146
University of Illinois, SCALE, 51
University of Oregon, 50
University of Utah, 50
University of Wisconsin, MEPP, 59

U.S. Department of Education, 49, 54
usabilidade, 100-102, 109

V

vídeo, 9, 35
videoconferência, 35-36
Virginia Department of Education,
  Manual AUP, 137

W

Web Style Guide, 99
WebQuest, 69
WebTV, 176
Western Governors University, 121
Western Interstate Commission for
  Higher Education (WICHE), 131
whiteboards, 36
White House Office of Science and
  Technology, 143
World Lecture Hall, 82

Y

Yahoo Kids, 20
Yale University (Global Anesthesiology
  Server Wetwoek – GASNet), 17
Yale University, CAIM, 99

Créditos

1 Introdução

p. 4 Fonte: Global SchoolNet.
p. 5 Fonte: The Jason Project.
p. 6 Fonte: Classroom Connect.
p. 7 Fonte: Virginia Polytechnic Institute and State University.
p. 8 Fonte: Exploratorium, www.exploratorium.edu.
p. 9 Fonte: United States Geological Survey.
p. 10 Fonte: The Digital Safari Academy.

2 O alcance da educação on-line

p. 14 Fonte: Consortium for School Networking (CoSN).
p. 15 Fonte: Johnson, L.; Adams, S.; Haywood, K. The NMC Horizon Report: 2011 K-12 Edition. Austin, Texas: The New Media Consortium, 2011.
p. 16 Fonte: The Dickens Fellowship of Japan.
p. 17 Fonte: Yale University School of Medicine.
p. 18 Fonte: ASD Data Services LLC.
p. 18 Fonte: Portal da Educação/Secretaria de Estado de Educação de Minas Gerais.
p. 20 Fonte: Science Learning Network.
p. 21 Fonte: Utilizado com permissão da Microsoft.
p. 22 Fonte: Secretaria Executiva de Comunicação/Prefeitura de São Paulo.
p. 22 Fonte: CEDEMP. Colégio de Diretores de Escolas dos Ministérios Públicos do Brasil.
p. 24 Fonte: Homeschool World.

3 Elementos da educação on-line

p. 30 Fonte: Qualcomm Incorporated.
p. 32 Fonte: International Society for Performance Improvement. Reimpresso com permissão da International Society for Performance Improvement (www.ispi.org).
p. 34 Fonte: Athens State University.
p. 38 Fonte: Simple Groupware.
p. 42 Fonte: 2010, ICONS Project – University of Maryland.
p. 43 Blackboard Property. Esta Blackboard Property é propriedade da Blackboard e foi utilizada com a permissão da Blackboard.

4 Pesquisa sobre educação on-line

p. 49 Fonte: U.S. Department of Education.
p. 50 Fonte: Education Northwest.
p. 52 Fonte: U.S. Department of Education.
p. 52 Fonte: Ministério da Ciência, Tecnologia e Inovação.
p. 53 Fonte: Benton Foundation (http://benton.org).
p. 53 Fonte: Instituto Ayrton Senna.
p. 55 Fonte: National Science Foundation.

214 | Educação on-line

p. 55 Fonte: Ministério da Ciência, Tecnologia e Inovação.
p. 59 Fonte: Master of Engineering in Professional Practice. University of Wisconsin-Madison.
p. 59 Fonte: Prefeitura Municipal de São Carlos.

5 Aprendizagem on-line

p. 64 Fonte: Collection of The Public Library of Cincinnati and Hamilton County.
p. 65 Fonte: Family Education.
p. 65 Fonte: The Study Skills Help Page.
p. 66 Fonte: Professor Meloni's – ESL Study Hall.
p. 67 Fonte: Oneida Indian Nation.
p. 68 Fonte: Study Guides and Strategies.
p. 69 Fonte: Webquest.org.
p. 71 Fonte: Albion.
p. 71 Fonte: Instituto de Ciências Matemáticas e de Computação/USP.
p. 74 Fonte: Ministério da Educação.
p. 75 Fonte: SeniorNet.
p. 75 Fonte: Ministério das Comunicações.
p. 76 Fonte: EASI.
p.76 Fonte: Rede SACI: Solidariedade, Apoio, Comunicação e Informação.
p. 76 Fonte: Fundação Dorina Nowill para Cegos.

6 Ensino on-line

p. 82 Fonte: Center for Instructional Technologies, a unit of the Division of Instructional Innovation and Assessment/The University of Texas at Austin.
p. 83 Fonte: Enterprise Media.
p. 83 Fonte: Portal Educação.
p. 84 Fonte: Educause.

p. 85 Fonte: American Society for Training and Development.
p. 86 Fonte: Dr. Scott Mandel.
p. 87 Fonte: OnlineClass.
p. 90 Fonte: Searle Center for Teaching Excelence.
p. 90 Fonte: Escola de Formação de Professores do Estado de São Paulo "Paulo Renato Costa Souza"/ Secretaria da Educação.
p. 91 Fonte: Association of Canadian Community Colleges.
p. 91 Fonte: Associação Brasileira de Educação a Distância.

7 Elaboração e desenvolvimento de cursos on-line

p. 98 Fonte: Big Dog and Litlle Dog.
p. 99 Fonte: Webstyle Guide.
p. 100 Fonte: Human-Computer Interaction Lab/University of Maryland.
p. 101 Fonte: Technology Training Centre/University of Alberta.
p. 103 Fonte: Engaging Science.
p. 104 Fonte: NA Media Programs.
p. 106 Fonte: TeacherWeb, Inc.

8 Organizações e rede

p. 114 Fonte: Hewlett-Packard Development Company, LP.
p. 115 Fonte: Network Management Corporation.
p.116 Fonte: Reimpresso com permissão de Internet.com, parte da QuinStreet B2B Technology Network.
p. 118 Fonte: Coggno.
p. 122 Fonte: California Virtual Campus.
p. 123 Fonte: PBS Online.

9 Normas

p. 128 Fonte: Copyright Website LLC.

Créditos | 215

p. 130 Fonte: Electronic Frontier Foundation.

p. 131 Fonte: Western Interstate Commission for Higher Education.

p. 131 Fonte: Instituto Nacional de Estudos e Pesquisas Educacionais Anísio Teixeira/Ministério da Educação.

p. 133 Fonte: Consortium for Policy Research in Education.

p. 134 Fonte: Education Commission of the States.

p. 134 Fonte: Ministério da Educação.

p. 137 Fonte: Virginia Department of Education.

p. 138 Fonte: EdWeb, by Andy Carvin.

10 Educação na era da informação

p. 142 Fonte: Southern REAP Inc.

p. 143 Fonte: The White House.

p. 145 Fonte: Electronic Privacy Information Center.

p. 148 Fonte: National Center for Technology Planning.

p. 148 Fonte: FGV.

p. 150 Fonte: Association for the Advancement of Computing in Education (AACE) [http://www.aace.org]. Reimpresso com permissão.

p. 151 Fonte: TERC.

p. 151 Fonte: Media Lab/Massachusetts Institute of Technology.

p. 152 Fonte: Nasa.

p. 152 Fonte: AT&T.

p. 153 Fonte: The Open University.

p. 153 Fonte: National Center for Supercomputing Applications (NCSA).

p. 154 Fonte: Hewlett-Packard Development Company, LP.

p. 154 Fonte: National Institutes of Health (NIH).

11 Quando os elétrons atingem a tela

p. 160 Fonte: HCC Faculty Development.

p. 161 Fonte: NewBay Media, LLC.

p. 163 Fonte: Oracle.

p. 164 Fonte: Universidade de Pittsburgh.

p. 165 Fonte: Pitsco, Inc.

p. 169 Fonte: *The Journal*.

12 Direções futuras

p. 174 Fonte: Defense Advanced Research Projects Agency.

p. 179 Fonte: Google.

p. 180 Fonte: Accenture.

p. 181 Fonte: Institute for the Future.

Apêndice – Estudos de caso

p. 187 Fonte: Maricopa Community Colleges Foundation.

p. 188 Fonte: Boulder Valley School District.

p. 189 Fonte: Global Council of Corporate Universities.

p. 190 Fonte: TechCorps.

p. 191 Fonte: Cisco Systems, Inc.

p. 192 Fonte: National Science Foundation, Northrop Grumman Corporation, Ernst & Young LLP, PBS and the Corporation for Public Broadcasting. Additional funding is provided by The Volckhausen Family.

p. 193 Fonte: Kentuchy Department of Education.

p. 194 Fonte: Tapped In® is owned and operated by SRI International.

p. 195 Fonte: Solomax.